Tabous et interdits

*Pour mes enfants,
Lou-Salomé et Lancelot,
car connaître le sens des interdits
leur permettra de vivre libres.*

Du même auteur

Dico des signes et symboles religieux
ACTES SUD JUNIOR

Dieu et l'entreprise, comprendre et gérer
la diversité des cultures religieuses
L'ORGANISATION

Signes et symboles religieux – origines et sens
La Prophétesse oubliée
Etemenanki, le secret de la tour de Babel
FLAMMARION

Flavius Josèphe,
un juif dans l'Empire romain
PRESSES DE LA RENAISSANCE

Éditorial :
Isabelle Péhourticq

Direction artistique :
Guillaume Berga

Maquette :
Amandine Chambosse

© Actes Sud, 2007
ISBN 978-2-7427-6968-1

*Loi 49-956 du 16 juillet 1949
sur les publications destinées à la jeunesse*

PATRICK BANON

Tabous et interdits

Illustrations de
SABINE ALLARD

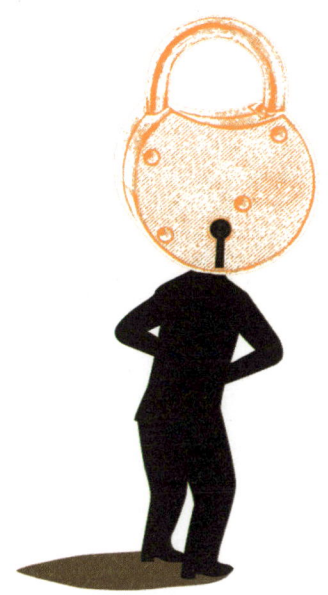

ACTES SUD JUNIOR

Sans tabous...
pas de liberté !

"Ne fais pas ci ! Ne fais pas ça !" Toute notre vie, nous subissons des interdictions : "Ne touche pas à l'eau bouillante ! Ne mets pas ta main dans le feu ! Ne mets pas tes doigts dans la prise !" Dès notre plus tendre enfance, notre vie est balisée d'interdits destinés, pour la plupart, à nous sauver la vie.

Plus on grandit, plus les interdits deviennent virulents : "Tu n'insulteras pas tes parents ! Tu ne te marieras pas avec ta sœur ou ta mère, ton frère ou ton père ! Tu ne voleras pas ! Tu ne consommeras pas de chair humaine ! Tu ne feras pas couler le sang, ni le tien ni celui d'autrui !" Et surtout : "Tu ne tueras pas !" Ces préceptes sont de véritables tabous dont la transgression* crée remords, culpabilité et la crainte d'un inévitable châtiment.

Pourrions-nous vivre dans un monde sans interdits ? Un monde où tout serait permis parce que rien ne serait tabou ? "Il est interdit d'interdire !" ont rêvé certains. Mais une société peut-elle être libre sans interdits ?

UN CODE MORAL OU UNE ASSURANCE VIE ?

Les tabous forment un code de contraintes qui, en nous dictant une attitude, nous protègent de nous-mêmes dans l'intérêt du plus grand nombre. Sigmund Freud, le père de la psychanalyse, voyait dans les tabous une prohibition très ancienne dirigée contre les désirs les plus intenses de l'homme. En fait, les tabous ne sont pas nés du désir d'améliorer la morale humaine, mais ont

---

* Les mots suivis d'une astérisque sont expliqués p. 84 et suivantes.

plutôt été suscités par des peurs incontrôlées, par la crainte des clans primitifs de disparaître, de ne pas avoir de descendance, la peur de la maladie et de la mort, d'être dévoré par des animaux sauvages ou d'être foudroyé par un éclair…

Il ne faut pas voir dans les tabous un code d'éthique* originel, ou l'expression d'une morale supérieure qui tracerait la frontière entre l'homme et l'animal. C'est tout le contraire. L'origine des tabous est d'abord la crainte du danger : une série d'interdits qui empêchent l'homme d'accomplir des actes contraires à sa survie et à celle de son clan.

La loi du tabou ne prescrit jamais l'action mais l'interdiction d'agir.

Qu'est-ce qu'un tabou ?

C'est un interdit non motivé, ni expliqué ni explicable, ni négociable, ni discutable.

"Tu ne tueras pas ; tu ne commettras pas d'inceste ; tu ne consommeras pas de tel fruit ou animal", sont des tabous dont la transgression mène inévitablement à la maladie ou la mort. C'est une loi silencieuse qui, à l'origine, n'est pas imposée par un homme, un roi, ou même un dieu ; une interdiction anonyme qui a pour objectif de sauver l'homme des périls qu'il ignore. Ensuite, le tabou est imposé par des rois et des prêtres, puis repris par des religions de tous les continents.

Il existe une différence fondamentale entre les tabous et les interdits qui organisent notre société. L'interdit émane d'une organisation sociale ; c'est une décision humaine qui peut être discutée. Briser un simple interdit ne remet pas en cause l'équilibre du clan, et son transgresseur ne sera que le responsable individuel de son acte, puni par le bannissement, l'exclusion sociale, ou l'emprisonnement ; violer un tabou, au contraire,

met en danger le clan tout entier. C'est pour purifier le groupe, la tribu ou le peuple que le transgresseur doit être châtié.

LA LAPIDATION, UN CHÂTIMENT COLLECTIF ANCESTRAL

La sanction est le plus souvent appliquée de façon collective, afin de laver le groupe tout entier de la faute d'un seul. La lapidation est une forme archaïque d'exécution à coups de pierres. Au Far West eurent lieu de nombreux lynchages qui précédaient la pendaison. Aujourd'hui l'exécution du transgresseur prend souvent la forme du lynchage médiatique.

La société humaine s'est structurée autour de lois morales, religieuses et politiques, organisées aujourd'hui par des codes civil et pénal. Mais ce sont bien les tabous qui ont édifié les fondations de notre société.

D'où viennent-ils ? Pourquoi et comment se sont-ils formés ? Il n'est pas un peuple, il n'est pas un continent où les tabous soient inconnus. Il n'est pas une religion qui n'en soit le reflet et pas un code pénal qui n'en soit aujourd'hui l'écho. Pour connaître le parcours extraordinaire de l'humanité, nous disposons de l'archéologie, de l'étude des textes anciens, des mythologies et des religions,

Quelles sont les caractéristiques d'un tabou ?

Avant tout, il s'agit d'une interdiction non écrite. Perpétuel ou momentané, il marque la séparation entre le sacré et le terrestre, la création d'un espace de contact avec l'invisible et un pacte entre l'homme et des puissances supérieures censées le protéger.

Le tabou, c'est le contraire du fait de respirer librement. L'interdit crée une inhibition* collective, car le châtiment est terrifiant et inévitable. Le transgresseur perd la protection des divinités. Il entre dans un désordre mental, un chaos intérieur qui mènera à sa disparition. Celui qui a violé un tabou commet une infraction mortelle et devient donc tabou à son tour ; son exemple est dangereux pour le clan. Il pourrait inciter d'autres à suivre son exemple et à rompre l'organisation sociale du groupe.

Il attend donc sa mort à tout instant, au détour d'une maladie ou d'un accident. Son pied risque de trébucher et il tombera dans un ravin, sa lance lui échappera

et celle, indispensable, des tabous. Ces interdits extrêmes restent bien vivants dans nos consciences, comme un lien indéfectible avec les hommes du passé.
Ils nous permettent de mieux comprendre les lois qui régissent aujourd'hui la vie en société.

En cherchant à en découvrir l'origine et les motivations, nous entrons dans les peurs ancestrales des hommes et dans les systèmes qu'ils ont forgés pour tenter de survivre aux puissances naturelles et surnaturelles du monde qui les entoure.

des mains lors d'une chasse et il se retrouvera à la merci d'un ours, ou sa hache lui tranchera la main dans un instant d'inattention. Le transgresseur ne vit plus que la peur au ventre ; sa faute ne prendra fin qu'avec sa mort sociale, annonciatrice de sa mort physique.

Le tabou interdit d'accomplir certaines actions : manger la viande d'un animal particulier, toujours ou à une date particulière ; prononcer un mot ou un nom interdit, généralement celui d'une divinité ; avoir des contacts avec une personne ou un objet tabou ou *taboué* (rendu tabou), une idole* ou un ustensile destiné à l'accomplissement d'un sacrifice…

Des lieux aussi peuvent être tabous, comme la montagne où Moïse découvre le Buisson ardent, le Saint des Saints du temple de Jérusalem où seul le grand prêtre pouvait pénétrer, une fois par an, et y prononcer le nom secret de Dieu ; des personnes (roi, saint, prêtre, belle-mère ou femme venant d'accoucher) sont parfois considérées comme taboues. Mais le tabou le plus effrayant reste la mort, à commencer par le contact avec les cadavres.

D'OÙ VIENT LE MOT TABOU ?

Il n'existe pas de société qui ne soit soumise à la loi des tabous. Mais le terme "tabou", qui s'écrit aussi *tabu* ou *tapu* en Polynésie, désigne d'abord un système étonnamment sophistiqué d'interdits.

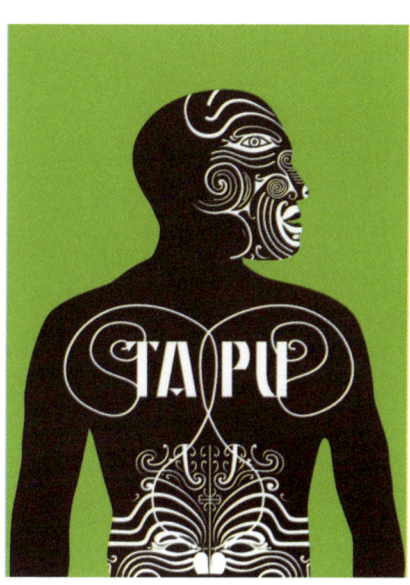

Ta signifie "marquer" et *pu* serait un adverbe marquant l'intensité. À l'origine simple rituel religieux, le système du tabou s'est étendu au fonctionnement global de la société polynésienne, l'organisant geste par geste, obligation par obligation. Toutes les actions de la vie publique ou de la vie privée, toutes les pensées, tous les mots et tous les actes étaient soumis au jugement divin, d'où cette importance infinie des tabous.

Si un homme envisageait de construire une pirogue, il devait, avant de commencer à abattre un arbre, présenter sa hache à sa divinité protectrice, et lui offrir le premier morceau d'écorce. Aux îles Marquises, les maisons étaient jadis *tabouées* contre l'eau. Pas une goutte d'eau ne devait être répandue dans la maison. Pas question de laver ou de verser de l'eau, pour éviter les noyades des pêcheurs et les dégâts provoqués par les pluies torrentielles saisonnières. Parfois, le tabou consistait à éteindre tous les feux sur l'île, ou à interdire aux gens de sortir de chez eux pendant la période réservée aux cérémonies du temple, ou encore à empêcher tout bruit – on allait jusqu'à bander les yeux des poules et museler chiens et porcs. Les mères qui venaient d'accoucher et leur nouveau-né étaient considérés comme tabous.

Le mot "tabou" porte en lui une sorte de contradiction complémentaire. Trop pur ou trop impur pour être touché, l'objet ou la personne tabou est à la fois sacré et maudit, une double signification que nous retrouvons dans l'ensemble des tabous, chacun portant en lui son contraire. La transgression fait pleinement partie de la puissance du tabou.

DIX COMMANDEMENTS OU DIX TABOUS ?

Le Décalogue – dans la Bible, les dix commandements transmis à Moïse par Dieu – apparaît comme la mise par écrit de tabous oraux.
Il ne s'agit pas d'un code pénal, mais d'une liste d'interdits dont le châtiment de la transgression ne peut être que la mort.

1/ Tu n'auras pas d'autre dieu que moi.
Cette injonction indique que cette divinité – qui se veut universelle – n'est pas la seule dans le monde. Elle renvoie au tabou : tu n'auras pas d'autre totem que celui de ta tribu.

2/ Tu ne feras pas d'idoles.
La fin de l'ère des totems est inscrite dans ce commandement. Les totems représentant des animaux et des hommes sont désormais interdits. Cette injonction mènera au tabou de l'image.

3/ Tu ne prononceras pas mon nom en vain.
Il est tabou d'utiliser le nom magique du dieu.

4/ Souviens-toi du septième jour de la Création pour le sanctifier.
Le tabou du 7e jour est une forme de sacrifice d'une portion de temps à la divinité créatrice de la vie. C'est l'équivalent du sacrifice d'un agneau ou de la consécration de la première récolte.

5/ Honore ton père et ta mère.
Il est interdit d'abandonner les personnes âgées quand elles sont trop faibles pour subvenir seules à leurs besoins.

6/ Tu ne tueras pas.
Verser le sang est tabou (interdiction du meurtre, mais aussi interdiction de relations sexuelles avec les femmes du clan).

7/ Tu ne commettras pas d'adultère.
Cet interdit correspond à l'ensemble des tabous sexuels. Ni inceste, ni pédophilie, ni relations sexuelles à l'intérieur du clan.

8/ Tu ne voleras pas.
Terre, habitation, vergers, champs sont déclarés tabous. Nul n'est autorisé à en prendre possession ou à en voler les fruits. La notion de propriété est donc sacralisée.

9/ Tu ne déposeras pas de faux témoignage.
Le tabou du mensonge illustre le pouvoir magique des mots.

10/ Tu ne convoiteras pas ce qui appartient à ton prochain.
Ce tabou interdit à la fois le viol, le vol et le pillage au sein du clan.

LE TABOU, À LA FOIS PUR ET IMPUR

Le système du tabou était connu des anciens Romains. Le latin *sacer*, qui correspond exactement au terme tabou, signifie à la fois sacré et maudit. Il s'agit d'une idée de retranchement, de séparation d'un être ou d'un objet de la vie commune. Les interdits deviennent alors l'expression et la concrétisation du retranchement.

L'idée de pureté se traduit par une véritable répugnance face au mélange. La plupart des interdits portent sur des interdictions de mélange : chez les Esquimaux, les peaux de morse, animal chassé en hiver, ne pouvaient toucher des peaux de renne, animal chassé en été. Leurs viandes ne pouvaient se trouver en contact, même dans l'estomac. Il existait un rituel de consommation dicté par un tabou d'intégrité que l'on retrouve aussi dans les textes bibliques à travers l'interdiction de consommer un chevreau avec le lait de sa mère.
Le mélange crée une impureté porteuse de mort.
Dans les langues primitives, le mot "purifier" veut aussi dire "guérir", "désensorceler".

À Madagascar, le terme *fady*, ou *faly*, correspondant au mot "tabou", désigne ce qui est sacré, interdit et de mauvais augure, ce qui peut être dangereux ou provoquer une catastrophe.

Pour les peuples primitifs, la mort n'est pas inéluctable. Elle ne peut être que le résultat d'une faute et de la transgression d'un tabou.

Dans leur esprit, aucune mort n'est naturelle. Il s'agit forcément du résultat d'un châtiment, d'une malédiction qui prend la forme d'une maladie ou d'une mort violente. La lèpre ou la peste n'étaient-elle pas dues, croyait-on, à la main de Dieu ?
Et Adam et Ève, en mangeant le fruit de l'Arbre de la connaissance contre l'interdit divin, ne furent-ils pas condamnés à la mortalité ?

LES TABOUS SE TRANSFORMENT MAIS NE CHANGENT PAS

Ce ne sont pas les tabous qui manquent. À Rome, le prêtre suprême de Jupiter, gardien du feu sacré, était prisonnier d'un ensemble de tabous. Il ne pouvait pas porter de nœud à ses vêtements, n'était pas autorisé à monter ou à toucher un cheval. Il devait prendre garde à ne pas toucher un chien ou une chèvre, ne pas marcher sur une vigne ni toucher un cadavre. Les tabous étaient si nombreux que ce poste trop contraignant fut même aboli pour un temps, avant d'être rétabli par Auguste.

En Nouvelle-Zélande, le sort du roi maori n'est pas plus enviable : lui qui ne peut toucher ses propres aliments, doit, les mains dans le dos, être nourri par ses sujets. L'empereur du Japon, le mikado, ne pouvait se déplacer que porté par ses serviteurs ; une fois sur son trône, il devait conserver des heures durant une immobilité totale qui garantissait à l'empire la paix et la tranquillité. Un seul mouvement de la tête et c'était l'annonce d'un tremblement de terre, d'une épidémie ou d'une inondation aux confins de son territoire. Comme tous les tabous, il représentait un rempart contre le chaos.

PRÉSERVER SES FORCES MAGIQUES

À Tahiti, les rois et les reines rendaient tabou le sol qu'ils foulaient. Une maison où les souverains avaient le malheur d'entrer était *tabouée* et leurs habitants obligés de l'abandonner. Un roi ne devait pas toucher terre, au risque d'anéantir les forces magiques accumulées en lui. Il devait être porté ou ne marcher que sur des tapis. Un tabou qu'on retrouve, inversé, dans le mythe d'Héraclès qui étrangle le géant Antée en le tenant au-dessus de la terre d'où il puise sa force légendaire.

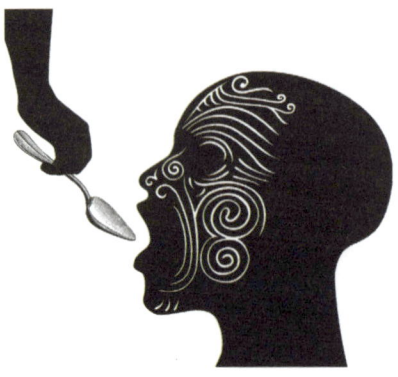

On le retrouve également dans les pétales de roses lancés sur le chemin d'une personne "consacrée" afin qu'elle ne foule pas directement le sol, et, plus tard, dans les chaises à porteurs réservées aux seigneurs et aux notables. Ces rites, à la frontière de la tradition et de la superstition, ont en commun l'obligation de respecter les aspects des tabous dans leurs moindres détails. Des règles de vie qui nous paraissent parfois ridicules, mais qui sont des moyens de maintenir les interdits garantissant la survie du clan, de la tribu, puis du peuple.

Comment sont nés ces tabous, d'où viennent-ils et que signifiaient-ils alors ? Tout a commencé avec les totems…

À chacun son totem

Si le terme "totem" vient d'Amérique du Nord, le totémisme était répandu à travers le monde entier. Avant la naissance des dieux et celle des religions, l'organisation sociale était construite autour d'un système totémique. L'usage d'un totem répondait à l'instinct de se regrouper autour de valeurs communes et de chercher à tisser des liens avec les membres des clans voisins.

Le totem, un ancêtre et un protecteur

Au temps où le concept de famille était encore inconnu, chaque tribu était divisée en clans et chaque clan était rassemblé autour de son totem, généralement un animal, parfois une plante, et souvent un arbre.

Le totem, considéré à tort comme l'ancêtre du groupe, était d'abord une puissance protectrice. Le clan espérait s'approprier ses qualités : la vitesse du tigre, la combativité du loup, la fertilité du poisson, la puissance de l'aigle qui s'approche du soleil, la capacité de régénérescence de l'arbre qui semble dépérir en hiver mais dès le printemps fleurit à nouveau.

Les peuples primitifs vivaient avec les forces de la nature une relation de crainte et de parenté. Le totem les protégeait et, en retour, les hommes le respectaient, en ne chassant pas, par exemple, l'animal totémique ou en ne cueillant pas la plante protectrice du clan. De cette situation naîtront donc naturellement des tabous : ne pas tuer son totem, ne pas faire couler son sang, ne pas tuer un membre du clan qui est relié à ce même totem ancestral ;

ne pas avoir de relations sexuelles avec les membres du clan, ne faire couler ni le sang des vierges ni celui des mères venant d'accoucher.

SE NOURRIR ET SE REPRODUIRE

De ces obligations découle la répartition des tâches liées à l'alimentation et à la reproduction de la tribu. Le monde est un immense garde-manger dont il faut assurer le remplissage. Nombre de rites ancestraux de fertilité sont consacrés à la reproduction des animaux, indispensable à la survie du clan. Un clan dont le totem est une vache fait le commerce de son lait avec un clan dont le totem peut être un épi de blé qui, à son tour, fournit ses céréales au clan de l'hippopotame…

Les tabous liés à un totem, en effet, ne concernent que les membres du clan et ne s'exportent pas. Pas question de religion universelle, de divinité surpuissante ou même unique. À chaque clan son totem, à chaque groupe ses tabous. Le système des totems n'organise pas seulement la lutte contre la faim, il organise aussi la reproduction de la tribu à travers l'exogamie*, c'est-à-dire à travers l'obligation de n'avoir de relations sexuelles qu'à l'extérieur du clan.

Le mariage par rapt des femmes deviendra une pratique courante dont nous trouvons des exemples dans le récit de la fondation de Rome et l'enlèvement des Sabines par les compagnons de Romulus, ainsi que dans les textes bibliques rapportant l'enlèvement de Dina, fille de Jacob, par le clan de Sichem. Il sera ensuite assimilé au viol.

Cette interdiction de se reproduire avec des membres du clan mènera à l'interdiction de l'inceste. En effet, l'exogamie n'est pas une institution destinée à interdire l'inceste. C'est au contraire pour imposer l'exogamie que l'inceste est devenu un tabou.

UN PACTE ENTRE LE TOTEM ET LE CLAN

Il existe un pacte entre le totem et le clan, au point que les hommes sont convaincus d'être des descendants de l'animal ou de la plante totem. Dans certains clans slaves, on enveloppait un enfant dès sa naissance dans une peau de loup et le père annonçait : "La louve a mis au monde un loup !"

Lors des danses rituelles de fertilité, il était courant que les participants portent des masques d'animaux, des bois de cerfs, des peaux de bêtes ou des plumes, mimant les cris et la gestuelle des animaux personnifiés, dans l'espoir d'obtenir leurs qualités, et que leurs vœux se réalisent.

Les guerriers d'Achille étaient des fourmis

Les clans croient à une parenté avec leur totem, et prennent son nom, comme les Myrmidons du héros grec Achille, qui étaient convaincus d'être les descendants de fourmis ; les Arcadiens, d'un ours ; les Lyciens, d'un loup ; ou encore les Myciens, d'une souris.

Les Gaulois marquaient leur filiation au totem par leur nom, "Fils du corbeau", ou "Fils du sanglier", sans oublier les Indiens d'Amérique aux noms inoubliables : Taureau assis ou Aigle noir.

À Rome, le totem de la louve

Romulus et Remus, fondateurs légendaires de Rome, ne furent-ils pas recueillis et élevés par une louve (le loup étant assimilé au dieu Mars) ? Les oies du Capitole qui sauvèrent Rome de la destruction représentaient probablement la présence ancienne sur la colline d'un clan dont le totem était une oie.

Puis, lorsque les mythes succéderont aux totems, les enseignes des légions romaines seront à l'effigie d'animaux, de loups ou de sangliers. En Égypte, l'épervier ornera les bannières royales et la reine de Bretagne, au temps de Jules César, gardera près d'elle un lièvre prophétique.

LE TOTEM, UN MOTEUR DE SOCIALISATION

L'exogamie incite donc les clans à s'allier entre eux. Les hommes du totem ours se marient avec des femmes du totem loup et leurs enfants avec des membres du clan pigeon : voici comment est né le totem de la tribu des Iroquois, qui représente un loup, un ours et un pigeon.

On peut retrouver ces alliances dans les animaux mythiques comme la Chimère, une bête à la tête de lion, au corps de chèvre et à la queue de serpent ; le Griffon, à la tête et aux ailes d'aigle et au corps de lion, ou encore le Sphinx au buste de femme, au corps de lion et aux ailes d'oiseau.

L'Égypte ancienne est une véritable forêt de totems. Avant de devenir un royaume sous l'autorité d'un souverain unique et divin, les pays de Haute et Basse-Égypte étaient constitués d'une multitude de clans. Les représentations du faucon, de la vache, du serpent ou encore de l'ibis survécurent aux totems préhistoriques pour se transformer en divinités animales.

La déesse Pakhèt à tête de lion surveillait les abords du désert. Le dieu Oupouaout, destructeur des créatures malfaisantes, était un grand chien noir. Khnoum, le dieu bélier, contrôlait la venue des inondations. Ipèt était une déesse mère représentée par un hippopotame et parfois par une truie : elle garantissait le renouvellement du cycle naturel de la vie. Sans oublier les singes protecteurs de la vallée des Reines, ou le rayonnant dieu solaire Horus à tête de faucon.

> **EN INDE, LA VACHE SACRÉE EST UN TOTEM VIVANT**
> Le culte de la vache sacrée serait né en Inde neuf mille cinq cents ans avant notre ère. Tuer des vaches est élevé au rang de tabou dans l'hindouisme, il y a environ quatre millénaires. Ce tabou, fidèle à la logique totémique, puisque la vache, ni tuable ni consommable, n'est cependant pas considérée comme une déesse, l'Inde le respecte encore aujourd'hui. On y voit des vaches se prélassant avec nonchalance sur une aire d'autoroute et bloquant la circulation, se promenant dans les rues ou se baignant avec les fidèles dans les eaux sacrées du Gange. Évalué entre deux cent cinquante et cinq cents millions de bovins, le cheptel sacré n'a donc jamais été sacrifié pour combattre la famine.

Toutes les religions ont sans doute d'abord été totémiques avant de se structurer autour de mythes et de divinités. Mais cette transformation a apporté avec elle les tabous liés au totem, et qui ont perduré comme, par exemple, dans les interdictions alimentaires.

Tu ne mangeras pas de ton totem

Non seulement il était interdit de manger de l'animal totem, mais les clans primitifs les nourrissaient. Les femmes d'un clan japonais, les Ainos, n'hésitaient pas à allaiter des oursons, et les Kalangs de l'île de Java possédaient chacun un chien rouge dont ils avaient l'obligation de prendre soin. À Genève, on nourrissait jadis des aigles, et en Syrie du Nord, les fidèles de la déesse Atargatis élevaient des poissons qu'ils ne pouvaient consommer.

LES EUROPÉENS NE MANGENT PAS DE CHIENS

Les interdits alimentaires qui accompagnent nos religions anciennes ou contemporaines sont issus de tabous liés au respect du totem. Par exemple, les Européens ne mangent ni chien ni chat ; les Russes, eux, ne consomment pas de pigeon (on dit qu'un pigeon aurait porté le Saint-Esprit).

Les Gaulois ne mangeaient ni lièvre, ni poule, ni oie, animaux tabous que les Bretons antiques élevaient comme des animaux de compagnie. Cette coutume celte expliquerait le refus des Anglo-Saxons de consommer du lapin, qu'ils considèrent davantage comme un animal domestique que comme un plat de résistance.

LE PORC EST-IL IMPUR OU SACRÉ ?

L'interdiction de consommer du porc, exigée par le judaïsme et l'islam, ressemble au tabou du totem. Animal sacré ou bien animal maudit ? La question n'est pas résolue : le porc est-il interdit parce qu'il est impur ou parce qu'il est trop pur ? Ne pas consommer de porc inclut donc l'interdiction de le tuer. Nous nous trouvons ici dans la dualité du tabou. Si vraiment cet animal répugnait au point de ne pas en consommer, pourquoi ne pas l'avoir exterminé ? Ce qui n'a pas été le cas…

SACRIFIER, CE N'EST PAS TUER

En cas de famine, les membres du clan pouvaient être autorisés à consommer un animal totem. Mais cela ne pouvait être accompli qu'après des rituels de purification. Aujourd'hui encore, les interdits alimentaires peuvent être contournés au cas où le fidèle n'a rien d'autre à manger que la chair de l'animal interdit, tout comme les femmes enceintes, les vieillards ou les malades sont exemptés de périodes de jeûne.

S'il est interdit de tuer l'animal totem, il n'est pas exclu de le sacrifier. Généralement l'animal sacrifié est destiné à une nouvelle naissance. En Grèce antique, il était courant de plonger l'agneau à sacrifier dans du lait, symbole de vie et de régénérescence, afin de lui garantir une nouvelle existence.

COMMUNION OU CANNIBALISME ?

Une fois sacrifié, l'animal totem n'est pas offert à des divinités – qui n'existent pas encore – mais consommé par les membres du clan. Une communion*

destinée à apporter au groupe les qualités et la protection du totem. Mais si le clan se considère comme descendant de l'animal totem, ne fait-il pas acte de cannibalisme* en le consommant ?

JE SUIS VENU, J'AI VU, JE N'AI PAS MANGÉ DE CHEVAL
Vercingétorix, assiégé dans Alésia par les légions de Jules César, n'a qu'une trentaine de jours de vivres devant lui. Il envoie alors hors d'Alésia six mille cavaliers pour chercher du renfort et des vivres ! Pourquoi aller chercher des vivres alors que l'on a sous la main six mille chevaux, c'est-à-dire de quoi nourrir près de cent mille personnes pendant plus d'un mois ? Il semble que le cheval était tabou, comme il l'était sans doute pour les Germains, les peuples nordiques et même les Grecs, les Romains ou encore les Perses qui ne consommaient de la viande de cheval qu'à l'occasion de sacrifices rituels.

L'arbre, un totem enraciné dans notre société

Longtemps le cosmos a été imaginé par les anciens Scandinaves sous la forme d'un arbre géant. Il n'est pas de religion ou de croyance où l'on ne rencontre pas un arbre mythique, sacré ou magique. Osiris est associé au cèdre, Attis au sapin, Apollon au laurier, Héraclès à l'olivier, et Dionysos à la vigne. Dans la Bible, la prophétesse Déborah siégeait sous un palmier, alors que le chêne est associé à Abraham.

Totem entre les totems, ce n'est pas l'arbre qui est adoré, mais ses qualités de longévité et de régénérescence.

Sacré, considéré par les Babyloniens comme l'axe du monde, arbre de vie ou encore arbre cosmique de la tradition indienne, ce totem n'a jamais été l'objet d'un culte, mais bien d'une relation de parenté avec l'homme. Bénéfique et protectrice, sa seule présence apporte au clan une dimension spirituelle, l'appartenance à un monde qui le dépasse et en même temps sa participation à ce monde. Aujourd'hui, l'arbre demeure le dernier de nos totems, un vestige dont le respect reste lié à notre survie.

LE PREMIER TABOU

Dans la Bible, tout a commencé avec la violation du premier tabou dans le Jardin de la Création. "Tu ne mangeras pas du fruit de l'Arbre de la connaissance du bien et du mal, interdit Dieu à Adam. Le jour où tu en mangeras, tu mourras." Nous nous trouvons bien devant un véritable tabou, un interdit non expliqué, dont la transgression est punie de mort. L'homme, après la transgression d'Adam et d'Ève, deviendra à jamais mortel.

L'ARBRE TOTEM, UNE PROMESSE DE FERTILITÉ

Abraham aurait élevé son premier autel au pied du chêne de Moré (Moré signifiant "celui qui enseigne"), puis se serait installé sous le chêne de Mambré à proximité d'Hébron. Le célèbre tombeau des Patriarches se trouve aux alentours du chêne. C'est là qu'Abraham rencontrera son dieu sous la forme de trois visiteurs qui lui annonceront la naissance prochaine d'Isaac, alors qu'il est âgé, ainsi que son épouse Sara, de près de cent ans. L'arbre totem est donc porteur d'une promesse de fertilité.

Dans la tradition chinoise, chaque femme correspond à un arbre ; la femme aura autant d'enfants que son arbre donnera de fleurs…

LES ARBRES SE MARIENT

L'obligation de chercher des relations sexuelles et de se reproduire hors du clan implique, dans le cas de l'arbre totem, d'accomplir de véritables célébrations de mariage entre arbres de différentes espèces. Ces mariages, répandus en Inde, s'effectuent aussi quand un couple ne parvient pas à avoir d'enfant. L'arbre totem est d'abord le protecteur du clan, de sa fertilité et de sa santé. La reine Maha Maya enfantera le Bouddha au pied d'un arbre sacré.

En Inde, comme dans la tradition sumérienne, placer un enfant malade dans le creux d'un arbre symbolise, à travers sa guérison, une nouvelle naissance. Quant à la croix chrétienne, elle prendra rapidement les attributs d'un totem, c'est-à-dire protection, résurrection et vie éternelle du clan.

> **LA CROIX CHRÉTIENNE, UN ARBRE SACRÉ ?**
> L'arbre de vie planté dans le Jardin de la Création rassemble toutes les qualités d'un arbre totem. Il protège les membres du clan, guérit les malades, soigne les blessés, rend la jeunesse et ressuscite les morts. Hélène, mère de l'empereur Constantin, était convaincue qu'un morceau de la croix sur laquelle Jésus avait été crucifié apporterait la résurrection et la vie éternelle.

LE 1ER MAI ET LE CULTE DE L'ARBRE DE MAI

L'arbre totem garantit la continuation du cycle de la nature, l'ordre des saisons, la fertilité des champs et des femmes. Son pouvoir de régénérescence prend toute sa dimension au printemps et en été. Autrefois, dès les premiers jours de mai, il était courant de planter un arbre au centre de nos villages. L'arbre dépecé ensuite branche par branche se trouvait sacrifié pour assurer la prospérité du village, chacun accrochant une branche à la porte de sa maison.

À la Révolution française, le culte de l'arbre de mai se transforme en celui de l'arbre de la liberté. Le 1er mai, jour de la fête du travail et de la liberté, annonçant la promesse d'un mieux-vivre collectif, a hérité de la symbolique de l'arbre de mai.

La croix est d'ailleurs souvent représentée comme un arbre de vie. Selon la légende, le bois qui servit à fabriquer la croix du supplice de Jésus provenait de graines de l'Arbre de la connaissance du bien et du mal, plantées dans la vallée d'Hébron. L'arbre dont le fruit apporta la mort à Adam et à toute l'humanité est donc aussi celui qui apportera la vie éternelle.

LE DÉCLIN DES TOTEMS

Les totems n'ont pas disparu du jour au lendemain, mais leur culte s'est atténué au cours de la domestication des animaux par l'homme. À l'origine, il ne s'agissait ni d'"élever" des vivres ni de chercher des compagnons. En fait, les membres du clan ne pouvaient chasser l'animal totem chargé de les protéger. Les animaux du clan étaient donc accueillis dans le village afin de jouer leur rôle protecteur.

De loup sauvage, le chien est devenu notre gardien préféré, et le chat domestique, hérité des cultes égyptiens, continue à nous protéger contre le mauvais œil en rôdant sur les toits de nos maisons. La domestication des animaux et le développement de l'élevage semblent avoir signifié une mutation du totémisme pur, de même que l'agriculture fut avant tout la réponse à la nécessité de nourrir les dieux. La domestication a été motivée par la nécessité de sacrifier des animaux aux puissances supérieures et aux divinités.

CARICATURER UNE RELIGION, EST-CE TABOU ?

Le droit d'expression apparaît aujourd'hui comme une liberté fondamentale. La question de tracer les frontières de cette liberté ne se pose pas selon des critères de bien ou de mal, de juste ou d'injuste, ou encore de légal ou d'illégal, mais d'abord en matière de pureté et d'impureté. Car celui qui transgresse le tabou est impur au regard de son clan, mais reste pur au regard des autres.

L'interdiction de caricaturer une religion, une divinité ou un de ses symboles pourrait être considérée comme un tabou qui ne concerne que les membres du clan caricaturé. Un chrétien qui caricature Jésus ou un musulman qui ridiculise Mahomet transgresse son propre tabou. Si c'est un musulman qui caricature Jésus, ou un chrétien qui ridiculise Mahomet, aucun tabou n'est violé puisqu'ils ne montrent pas d'irrespect envers leur propre totem. Le membre du clan qui transgresse ce tabou sera châtié par la puissance du tabou lui-même.

Caricaturer une religion est donc bien tabou, mais seulement pour les fidèles de la religion concernée. L'idée de blasphème* ne peut pas être un élément d'une société laïque et considérée comme un crime. La caricature des religions apparaît davantage comme une critique que comme une offense.

LES DRAPEAUX NATIONAUX SONT-ILS DES TOTEMS ?

Le drapeau des États-Unis d'Amérique se compose de treize bandes horizontales représentant les treize colonies britanniques à l'origine de la création du pays, et de cinquante étoiles blanches à cinq branches représentant les cinquante États fédérés de l'Union. Bleu, blanc, rouge : le drapeau français réunit les trois dynasties qui ont fait l'histoire de la France pendant dix siècles. Le bleu, couleur des Capétiens, le blanc, couleur des Bourbons et le rouge, couleur des Carolingiens. Le drapeau tricolore se justifie aussi par le bleu et le rouge des couleurs de Paris.

Ces bannières réunissent toutes les qualité d'un totem. Le drapeau identifie un ou plusieurs clans, et les membres des clans devenus des nations doivent obéir aux valeurs symbolisées par les couleurs. Le drapeau assure la protection et la prospérité, et son peuple se doit de respecter les interdits et les obligations fondatrices.

LE RIRE, UN POUVOIR MAGIQUE

La caricature a le pouvoir de déclencher le rire qui fait pleinement partie de la pensée religieuse. Le rire sépare les hommes des animaux. C'est un acte magique, un véritable exorcisme destiné à repousser les mauvais démons. Il permet à l'homme de faire face à la mort et aux mauvais tours de la providence. Chaque éclat de rire est le signe d'un retour à la vie et le commencement d'une existence nouvelle. Caricaturer et rire sont les deux faces d'un même rituel, celui de transgresser un interdit afin de le rendre inoffensif. Interdire de caricaturer les religions reviendrait à les amputer d'une part importante de leur rôle dans nos sociétés, celui de toujours privilégier la vie sur la mort…

Les tabous fondateurs

L'inceste, une affaire de famille

Aujourd'hui, on considère comme incestueuse une relation sexuelle entre personnes liées par un degré de parenté qui interdit le mariage. Autrefois, le tabou de l'inceste était bien plus compliqué et exigeant qu'à notre époque. Car si l'horreur de l'inceste est une particularité humaine, elle n'est pas un apport moralisateur de notre société, mais un système de protection du faible sur le fort et la réponse à la nécessité de socialisation des individus.

Presque partout dans le monde, l'exogamie, c'est-à-dire l'obligation de n'avoir de relations sexuelles qu'en dehors du clan, est en vigueur. Cette obligation se concrétise par le tabou de l'inceste doublé d'un système sophistiqué d'interdits. Ceux qui appartiennent à un même totem sont considérés comme consanguins* et forment une famille ; au sein de celle-ci, les degrés de parenté, même éloignés, interdisent toute forme d'union sexuelle.

Un grand nombre de coutumes différentes selon les continents et les croyances viennent soutenir ce tabou. Dans l'archipel des Nouvelles-Hébrides, à l'est de l'Australie, l'enfant, qui n'est plus un petit garçon mais pas encore un adolescent, doit quitter le toit maternel pour vivre dans la maison commune. Il ne peut revenir chez lui que pour réclamer de la nourriture, à condition que sa sœur soit absente.
En Bretagne archaïque, une sœur une fois mariée ne peut plus adresser la parole à son frère. Dans certaines régions d'Afrique, l'homme prend

toutes les précautions pour ne pas croiser sa belle-sœur ; de la même façon, dès l'âge de la puberté, une jeune fille doit éviter de rencontrer son père.

LES TEXTES BIBLIQUES NE SONT PAS SI CLAIRS
Ils interdisent les relations sexuelles d'une personne avec tous ses proches parents. Le tabou de l'inceste est aussi bien destiné aux hommes qu'aux femmes et sa transgression est punie par la lapidation, le fouet, ou le feu. Mais le châtiment suprême réservé aux violeurs de tabous est bien le châtiment divin, le *karet*, une forme d'exclusion sociale doublée d'une peine d'excommunication*.

Pourtant, dans la Bible, Adam et Ève, annoncés comme le premier couple humain, engendrèrent trois fils et des filles qui, à l'évidence, ne respectèrent pas le tabou de l'inceste puisqu'ils procréèrent ensemble la suite de la race humaine. C'est grâce aux fils de Noé et à leurs épouses que se fera la repopulation de la terre après le Déluge. La Bible condamnera Loth pour avoir cédé aux avances de ses deux filles et engendré deux fils avec elles ; quant à Abraham, il prétendra que son épouse Sara est sa sœur.

LE TABOU DE L'INCESTE ET LE TABOU DU MEURTRE
Le tabou de l'inceste n'a pas toujours été respecté. À côté de l'exogamie, les hommes vivaient des règles d'endogamie*, c'est-à-dire l'union sexuelle exclusive avec des membres du clan, en particulier pour protéger la transmission d'un héritage, une couronne ou tout simplement une terre.

L'interdiction de l'inceste a une signification originelle qui dépasse l'organisation

de relations sexuelles.
Ce qui est ici en cause, c'est l'interdiction de faire couler le sang du totem et des membres du clan. Il n'est pas question pour un homme de faire couler le sang virginal d'une jeune fille du clan, ni le sang d'une femme qui accouche. L'interdiction de l'inceste serait liée au commandement : "Tu ne tueras pas" (comprendre : "Tu ne feras pas couler le sang de ton peuple").

> **LE CODE D'HAMMOURABI, ROI DE BABYLONE (VERS - 1750) PROHIBAIT CLAIREMENT L'INCESTE**
> Si un homme se rend coupable d'inceste avec sa fille, il sera exilé.
> Si un homme promet une fille en mariage à son fils, et que son fils consomme l'union avec elle, puis que le père couche ensuite avec la fille et est découvert, il sera lié et jeté à l'eau.
> Si quiconque, fils de son père, se rend coupable d'inceste avec sa mère, les deux seront brûlés vifs.
> Si quiconque, fils de son père, est surpris avec sa première épouse, qui a porté des enfants, il sera chassé de la maison paternelle.

La pédophilie, au croisement de tous les tabous

Pour un adulte, avoir ou chercher à avoir des relations intimes, sexuelles ou érotiques avec des enfants est un tabou essentiel de l'organisation de notre société. Le pédophile transgresse en effet tous les tabous en une seule fois.

LES ENFANTS N'ONT PAS TOUJOURS EU DES DROITS

La protection des enfants revient de loin. Dans les temps anciens, un nouveau-né n'était considéré comme vivant qu'après avoir été doté d'un nom, usage pratiqué généralement huit jours après la naissance de l'enfant. Il entrait ainsi dans la société.

Les Gaulois avaient droit de vie et de mort sur leurs enfants, et la loi romaine permettait à un père de rejeter la paternité d'un nouveau-né. Il était courant de trouver dans les ruelles de Rome des bébés abandonnés par leurs parents parce que ceux-ci considéraient qu'ils avaient déjà trop d'enfants ou que ceux-ci étaient issus d'une relation incestueuse ou extraconjugale. L'enfant n'était réellement considéré comme "humain" que lorsqu'il savait parler.

Cette vision de la famille n'est pas celle du monde biblique. Dans le Proche-Orient ancien, l'abondance d'enfants est une bénédiction divine. Un homme n'est accompli qu'après avoir engendré au moins deux fils. La stérilité est le pire des châtiments, puisqu'il s'agit d'une mort définitive, sans espoir de descendance. On donnera donc à l'enfant une importance essentielle.

L'ENFANT EST PROTÉGÉ PAR LE TABOU DE L'INCESTE

Le tabou de la pédophilie s'inscrit dans la continuité de l'obligation d'exogamie. Celui qui commet un acte pédophile nie l'organisation entière de la société. Il ne reconnaît pas l'Autre en tant qu'être humain et refuse à l'enfant le futur auquel il a droit. Transgresser le tabou de la pédophilie, c'est violer l'ensemble des tabous. On sait pourtant qu'au VIe siècle avant notre ère, les Romains pouvaient acheter pour un talent (une pièce de monnaie) le petit garçon de leur choix. Une pratique qui, bien qu'illégale, est encore en usage dans les zones de tourisme sexuel (Extrême-Orient, Afrique du Nord).

LES TEXTES BIBLIQUES ET LA PÉDOPHILIE

Dans la Bible, le tabou de la pédophilie est évoqué de façon subtile. Il y est écrit que personne, à part la divinité, n'est propriétaire de la vie humaine : interdiction de l'inceste et du sacrifice humain, d'avoir des relations sexuelles qui n'ont pas pour objectif la procréation, et surtout du mélange d'une génération avec la génération suivante. Transgresser le tabou de la pédophilie s'apparente donc à un meurtre.

L'HÉRÉSIE DE GILLES DE RAIS, COMPAGNON DE JEANNE D'ARC

Gilles de Rais, petit-neveu du connétable Du Guesclin, chargé de la sécurité de Jeanne d'Arc, fut accusé du pire des crimes, celui de pédophilie. Dès 1440, il est soupçonné d'avoir mis à mort un grand nombre d'enfants "après avoir assouvi sur eux d'infâmes passions". En fait, le compagnon de Jeanne d'Arc était sans doute innocent des crimes dont on l'accusait, étant tombé dans un piège tendu pour confisquer ses biens. Convaincu d'hérésie et d'invocation avec les démons, de crimes contre-nature et de sacrilège, il fut pendu et brûlé. Néanmoins, il faut retenir que la pédophilie était déjà, il y a plus de six siècles, une pratique impardonnable.

LES DROITS DE L'ENFANT, UN TABOU PROTECTEUR

Aujourd'hui, aucun être humain ne peut être la propriété d'un autre. Ce qui nous semble une évidence n'en a pas toujours été une. Jusqu'au siècle dernier, l'enfant était considéré comme la propriété de son père. Il n'avait aucun droit en tant qu'être humain, mais seulement en tant qu'humain en devenir.
Ce n'est qu'au moment de l'industrialisation et de l'introduction de la scolarité obligatoire que l'on se trouve dans l'obligation de distinguer entre le monde des enfants et celui des adultes.

La Britannique Eglantyne Jebb propose une charte à l'Assemblée des Nations unies, adoptée le 24 septembre 1924. On l'appelle "déclaration de Genève".
En 1989, la Convention internationale des droits de l'enfant prévoit dans l'article 34 que : "Les États s'engagent à protéger l'enfant contre toutes les formes d'exploitation sexuelle et de violence sexuelle."
L'Unicef reprend les termes de la convention : "L'État doit te protéger contre toutes les formes de violence et de brutalités physiques ou mentales. Que tu sois sous la garde de tes parents ou de toute autre personne à qui tu es confié, l'État doit te protéger contre l'abandon, l'absence de soins, les mauvais traitements, l'exploitation et la violence sexuelle."

La virginité, un tabou ancestral qui a beaucoup évolué

Jeanne d'Arc était appelée "la Pucelle" car on associait sa virginité supposée à la pureté de son corps et de son âme. Comment une jeune fille aurait-elle pu entendre des voix divines si son être tout entier avait été souillé par un homme ? La relation sexuelle prend ici l'aspect d'une relation avec la parole divine. Ne dit-on pas que Marie, mère de Jésus, considérée comme vierge, fut fécondée par la parole de Dieu ? Pourtant, le tabou de la virginité n'était pas lié à l'obligation de pureté de la femme mais à des interdits et des situations davantage motivés par la peur que par l'oppression des femmes du clan.

LES DÉESSES GRECQUES ÉTAIENT VIERGES ET MÈRES

Définir le terme de vierge permet de mieux comprendre le tabou qui en résulte. Les trois déesses grecques, Héra, Athéna, Artémis, étaient appelées *partheneia*, la virginale.

Néanmoins, Héra eut plusieurs enfants et Athéna fut mère à plusieurs reprises. Malgré tout, son temple sur l'Acropole est dédié à la "vierge mère".
Les Argiens prétendaient que la déesse Junon, protectrice de leur cité, allait chaque année se baigner à la fontaine Canathos pour retrouver sa virginité.
Le baptême chrétien, purifiant l'âme et le corps, ne correspond-il pas aussi à l'obtention d'une nouvelle virginité ?
Dans la culture grecque, les concepts de virginité et de maternité ne s'excluent pas mutuellement. Dans les temps primitifs, puis en Grèce, une vierge désigne une mère non mariée. Ce n'est pas le fait d'avoir eu des relations sexuelles qui est déterminant, mais le mariage.
Chez les Sumériens, quatre millénaires avant notre ère, on considérait comme vierge une femme dont les seins n'avaient jamais donné de lait. Le babylonien *batultu* ou *ardatu* désignait d'abord une adolescente trop jeune pour être mariée.

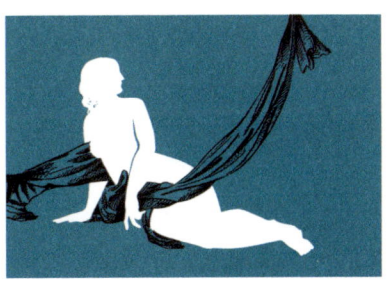

LE TABOU DE LA VIRGINITÉ PROTÉGEAIT D'ABORD L'HOMME

Aujourd'hui, les valeurs de la virginité ont été inversées et donnent à la préservation de l'hymen* une place injustifiée. En effet, si on remonte aux origines du tabou, ce n'est pas la jeune fille qui commet une faute en perdant sa virginité, mais l'homme qui court un danger mortel. Transgresser ce tabou expose l'homme à un châtiment surnaturel. Selon Freud, le tabou de la virginité représenterait pour l'homme une peur de la castration et une peur taboue de la défloration. Il est le résultat d'une crainte de l'homme à l'égard de la femme. L'homme redoute d'être affaibli par celle-ci, d'être contaminé par sa féminité et de se montrer alors incapable d'accomplir ses "responsabilités". Le sang d'une vierge, comme le sang menstruel*, est censé porter à la fois la vie et la mort. Faire couler le sang virginal, c'est s'exposer à un danger mortel. L'exogamie "exporte" ce problème terrifiant hors du clan. Il revient donc à un membre extérieur au clan de faire couler le sang du totem, désormais sans danger.

Que ce soit pour la guerre ou pour la chasse, l'homme doit s'abstenir de relations sexuelles afin de ne pas perdre sa force vitale et se trouver paralysé devant le danger. Les guerriers des temps bibliques devaient maintenir une pureté rituelle en s'abstenant de rapports sexuels. On prétend encore aujourd'hui qu'il est bénéfique pour les sportifs de haut niveau de ne pas avoir de relations avec leur femme durant les périodes de compétition. Un héritage bien exagéré du tabou ancestral !

Exiger la virginité des femmes avant le mariage est une loi liée à une organisation patriarcale* de la famille. Jamais on ne trouve ce tabou dans une organisation matriarcale*.

Aujourd'hui encore, certains pères exigent des certificats de virginité pour leurs filles. Et de nombreuses jeunes filles demandent la reconstruction de leur hymen dans les services de gynécologie, croyant lier l'honneur de leur famille, et surtout de leur père et de leurs frères, aux quelques gouttes de sang qui tacheront le drap nuptial.
Pourtant, la notion même de virginité n'est toujours pas si simple à définir, comme le montre l'exemple de cette femme qui n'a jamais eu de relations sexuelles, mais accouche d'un enfant après une insémination artificielle. Doit-on considérer qu'est-elle toujours vierge ? Faut-il prendre en compte la conservation de l'hymen ou le résultat de l'acte sexuel ? Une jeune fille violée peut-elle être considérée comme vierge ? Sans aucun doute, si l'on estime que l'hymen en question n'est qu'un voile séparant une adolescente de sa vie de femme. Le choix de le rompre ne peut être que celui de la jeune fille.

La mort n'a jamais eu bonne réputation

La mort terrifie l'homme depuis qu'il a pris conscience de son existence, mais, on l'a vu, elle n'a pas toujours été considérée comme inévitable. Les peuples primitifs étaient convaincus que seuls une maladie, un acte violent ou un châtiment surnaturel pouvaient la provoquer. À leurs yeux, il n'existait pas de mort naturelle.

Le système du tabou s'est donc organisé autour d'interdits destinés à empêcher la mort. Il est alors davantage question d'immortalité que de résurrection. Si les païens priaient les morts pour

les empêcher de revenir faire du mal aux vivants, les juifs puis les chrétiens prieront pour les morts afin de garantir leur apaisement dans l'au-delà et faciliter la délivrance des âmes*.

Il était d'abord essentiel de maintenir les disparus loin du monde des vivants, de les empêcher de venir se venger sur ceux qui vivent encore sous le soleil. En cas de contact avec la mort, il fallait procéder à des rituels de purification afin de se libérer du fluide mortel émanant des cadavres. En découlent des tabous que l'on retrouve notamment dans les textes bibliques, hérités de traditions plus anciennes.

LES TEXTES BIBLIQUES INTERDISENT LA COMMUNICATION AVEC L'ESPRIT DES DÉFUNTS
Un tabou que transgressera le roi Saül en questionnant une nécromancienne* pour connaître son avenir. Cela lui coûtera sa santé mentale, sa couronne et sa vie. Les naziréens, des hommes ou des femmes ayant fait vœu de *nazir*, c'est-à-dire de vivre au moins trente jours et parfois la vie entière en état de pureté rituelle, s'obligeaient notamment à ne pas toucher ou même approcher un cadavre de crainte d'être souillés.

La Jérusalem biblique maintenait également un véritable espace de sainteté. Tout ce qui risquait d'entamer sa pureté était banni, et d'abord la mort. Tombes, sépultures et cimetières étaient proscrits de la cité. L'impureté diffusée par la mort agissant comme un fluide, les tombes ne devaient pas être construites à même la terre, conductrice de ce fluide, mais sur des pierres, fragmentées donc isolantes. Aucun mort ne pouvait être toléré dans Jérusalem au-delà de vingt-quatre heures.

LE TABOU DES DÉPOUILLES SE SURVIT À LUI-MÊME

Dans la tradition romaine, les armes, casques et épées des ennemis tués au combat étaient offerts en offrande aux dieux. Il était tabou de les utiliser ou même de les vendre. Les dépouilles des ennemis étaient accrochées à des arbres jusqu'à ce qu'elles tombent d'elles-mêmes.

Les Gaulois, eux, consacraient les dépouilles des ennemis à leurs dieux, sacrifiant aussi sur le champ de bataille le bétail capturé. Il n'était pas question de butin, sous peine de mort. Il ne s'agissait pas d'une morale interdisant le pillage, mais, comme dans tous les tabous, d'obéissance à la crainte d'une puissance supérieure. Les dépouilles prises à la guerre étaient considérées comme imprégnées d'un fluide nocif. Le seul butin du vainqueur était la vie du vaincu.

L'ANATHÈME*, UN TABOU PERPÉTUEL

Le mot "anathème" est traduit du mot hébreu *hêrem* qui revêt, comme le mot "tabou", le sens de retrancher, de séparer. Dans la Bible, l'anathème lancé sur une ville ou sur un peuple agissait comme un tabou irrévocable. La cité conquise était interdite ; il fallait la détruire et l'incendier avec interdiction de la reconstruire. Sa population et ses troupeaux devaient être abattus puis passés par le feu pour être purifiés. Ce fut le cas de Jéricho, détruite par Josué et livrée à l'anathème. Selon le *Livre des Rois*, un certain Hiel rebâtit Jéricho et paya exactement le châtiment de sa transgression.

Un autre Hébreu nommé Akhan transgressa l'anathème, vola quelques objets venus de Jéricho, fut lapidé et son corps livré aux flammes. Le sort du Franc auquel Clovis fracassa la tête pour s'être approprié le vase de Soissons n'est pas différent !

Tu ne tueras pas

Ne pas faire couler le sang d'un homme ou d'une femme appartenant au même totem implique l'interdiction de tuer une personne du même clan. Cette interdiction de tuer est le reflet logique de l'interdiction de déflorer une vierge de son clan, et du tabou de l'inceste. Elle établit le statut de l'homme, le différenciant des animaux qui s'entre-dévorent. En découlent l'organisation de l'alimentation, la consommation du cuit ou du bouilli à l'exclusion du cru : des lois alimentaires qui organisent les manières d'abattre un animal pour se nourrir. Le végétarisme en est une autre interprétation : l'abstention de se nourrir de chair animale équivaut à l'interdiction d'un sacrifice sanglant.

L'interdiction de tuer est donc un tabou remontant aux premières sociétés humaines et qui, pour certains peuples primitifs, se concrétise par le refus de labourer la terre. Il est hors de question de blesser cette mère commune, de la dépecer et de la moissonner. Si la terre meurt, comment, en retournant dans son sein, l'homme pourra-t-il vivre une nouvelle fois ?

INTERDIRE LE MEURTRE… MAIS AUTORISER LA VENGEANCE !

Dans la Bible, Caïn, en tuant son frère Abel à coups de pierre, aurait été le premier meurtrier. Ce récit symbolise la compétition entre les gardiens de petit bétail représentés par Abel et les agriculteurs représentés par Caïn. Toutefois, si l'acte de Caïn est condamné par Dieu, il ne subira pas la justice des hommes, puisqu'il leur est aussi interdit de verser son sang.

Plus tard, après le Déluge, les lois de Noé rectifient le tabou : "Qui verse le sang de l'homme aura le sang versé par l'homme." Pourtant, verser le sang d'un homme, c'est bien verser le sang de Dieu puisque celui-ci a créé l'homme à son image…

Le sixième des dix commandements donnés par Moïse à son peuple prend la forme d'un véritable tabou : "Tu ne tueras pas." L'interdiction de tuer est une prescription sans appel. Notre morale contemporaine est toujours construite autour de ce tabou.

L'ABOLITION DE LA PEINE DE MORT

Les débats sur l'interdiction de la peine de mort sont le reflet du tabou de tuer. La vengeance du sang inspirée des lois proche-orientales, et notamment bibliques et coraniques, était significative d'une société clanique. Le plus proche parent avait le devoir de venger le sang d'une personne assassinée en tuant à son tour l'assassin ou une personne issue de son clan. C'est une logique qu'une nation constituée de milliers de clans rassemblés en tribus, puis en peuple, ne peut accepter. L'abolition de la peine de mort obéit donc totalement au tabou "Tu ne tueras pas", prenant en considération que la nation est un clan géant autour d'un totem, le drapeau du pays.

POURQUOI A-T-ON LE DROIT DE TUER À LA GUERRE ?

Même si une guerre a pour objectif premier de préserver la survie du groupe en protégeant ses ressources naturelles, son territoire ou la vie de ses familles, l'acte de tuer n'a jamais été facilement acceptable. De nombreux rituels de purification étaient nécessaires pour que le guerrier livre bataille et verse le sang de ses ennemis. L'état de pureté rituelle des guerriers n'était pas seulement indispensable à leur propre protection, mais servait aussi à les préserver de la transgression du tabou et de la vengeance des défunts. Le guerrier devait s'abstenir de tout acte impur qui pourrait diminuer sa force. Les Gaulois devaient s'abstenir de se montrer en armes à leur fils ou devant tout autre membre de la tribu qui ne participait pas à la bataille. La guerre était une activité sainte, c'est-à-dire reconnue et jugée par les divinités. Le tabou du sang constituait la charpente de l'ordre social.

Comment faire pour protéger sa vie sans transgresser un tabou ? C'est dans cet esprit de doute que les hommes qui se préparent à la chasse, à la guerre ou à toute autre activité les exposant à tuer ou à être tués, se font des scarifications* et des tatouages. Ces blessures symboliques expriment des morts virtuelles appelant à une nouvelle naissance.

Les guerriers et parfois les chasseurs de retour d'une expédition durant laquelle le sang a été versé sont *taboués*. Tout contact avec d'autres membres du clan est interdit. Le guerrier qui a versé le sang doit jeûner ou se soumettre à un régime particulier. L'individu est soustrait à la vue des autres en se peignant le corps en rouge (couleur du tabou) ou en portant un vêtement enveloppant.

En Polynésie, aux îles Marquises, un guerrier qui a tué un ennemi reste tabou pendant dix jours, ne pouvant toucher ni sa femme ni le feu du foyer. Pendant la guerre de Troie, les guerriers grecs s'abstiennent de consommer du poisson. Les guerriers maoris de Nouvelle-Zélande sont soumis à de nombreuses règles, dont la chasteté.
Tuer n'est jamais un droit, mais une transgression "guérie" par des rituels et le tabou des guerriers. L'illusion de notre société de mener des guerres sans morts perpétue sans doute ce tabou ancestral.

Le cannibalisme, un tabou évident

L'homme qui se nourrit de ses semblables est considéré comme inhumain. Se nourrir de chair humaine soulève une aversion naturelle.
Le cannibalisme semble le tabou par excellence. Si nous ne disposons pas de preuves indiscutables que des hommes aient consommé d'autres hommes comme nourriture, l'anthropophagie*, c'est-à-dire le fait, pour un être humain, d'ingérer de la chair humaine, existe bel et bien et, le plus souvent, obéit à des formes primitives de rituels.

La mythologie grecque rapporte de nombreux cas de cannibalisme. Kronos, père de Zeus, dévorait ses enfants à leur naissance de peur qu'ils ne prennent son pouvoir et le tuent. Les Cyclopes et les Titans, en dévorant le jeune dieu Dionysos, incarnent à leur tour l'inhumanité absolue. Les Indiens Hurons et Iroquois consommaient la chair de l'ennemi mort au combat pour empêcher son esprit de se venger. Les Guayakis d'Amérique du Sud, eux, mangeaient la chair des défunts du clan pour assurer leur survie après la mort. Qu'il s'agisse de mythes ou de pratiques avérées, ces exemples se rapportent davantage à des rites de sacrifice qu'à la consommation de chair humaine par faim.

Le tabou du cannibalisme est si fort que personne ne le remet en question. L'accusation de cannibalisme est généralement destinée à l'autre, à l'étranger, celui qui ne fait pas partie du clan, qui vient d'ailleurs et ne me ressemble pas.

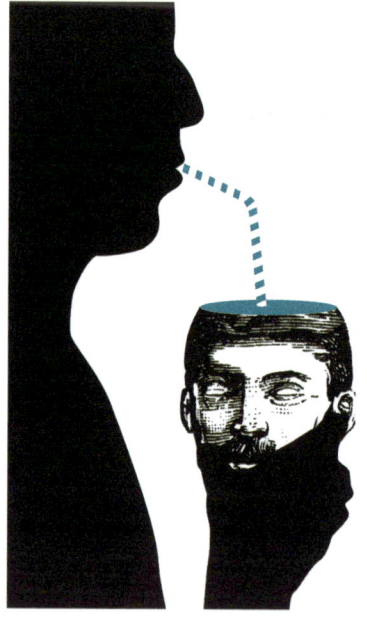

QUI VEUT NOYER SON CHIEN L'ACCUSE DE CANNIBALISME
L'historien romain Pline l'Ancien rapporte que les Bretons considéraient que tuer un homme est "l'acte le plus religieux et le manger la pratique la plus salutaire". Pausanias, écrivain grec du IIe siècle, prétendait que les Gaulois buvaient le sang de leurs prisonniers et se rassasiaient de leur chair.

Saint Jérôme, au Ve siècle, affirme avoir vu en Gaule des Écossais "préférant au porc les fesses des jeunes garçons et les tétons des filles". Un autre historien romain raconte que sur l'île d'Ierné, au nord de la Bretagne, vivent des "anthropophages qui croient bien faire en mangeant les corps de leur père et en ayant publiquement commerce avec leur mère et leurs sœurs". Selon Hérodote, les Grecs, eux, croyaient que plusieurs tribus de l'actuelle Russie, et notamment les Scythes, mangeaient de la chair humaine.

De nombreux exemples, mais pas de véritables témoins oculaires, et un point commun, dénigrer ceux que l'on veut mettre à l'écart de sa société. Il existe donc des peuples catalogués comme transgresseurs : pour les Grecs, un Cyclope n'est pas un homme ; pour les Romains, un Celte n'est pas un homme, tout comme pour les nazis les Juifs n'en étaient pas. Les historiens égyptiens de culture grecque prétendaient que les Juifs avaient l'habitude d'enlever une fois par an un voyageur grec, de l'engraisser et de le manger à l'occasion d'une grande fête. Cette légende coûtera la vie à de nombreux innocents.

Les premiers chrétiens, eux aussi, furent victimes de cette calomnie, en étant, comme à Lyon lors des persécutions de 177, accusés de sacrifier des enfants pour les manger. Les païens accusaient les chrétiens de cannibalisme, comme ils en avaient accusé les Juifs auparavant.
Au Moyen Âge, les chrétiens accusèrent à leur tour les Juifs de se nourrir d'hosties sanglantes, c'est-à-dire de dévorer le corps du Christ. Un mensonge qui mènera de nombreux Juifs au bûcher.

Accuser une catégorie particulière d'humains de cannibalisme équivaut à accuser une religion ou un peuple de pédophilie ou d'inceste généralisé.

Des tabous qui structurent notre société

La nudité, un tabou à l'envers

Comment l'homme et la femme en sont-ils venus à cacher leur corps, élevant la nudité au niveau d'un tabou ? Aujourd'hui, quiconque se promènerait nu en pleine rue serait arrêté et mené au poste de police. Pourtant la nudité n'est pas un véritable tabou, mais un tabou inversé.

En Inde, plusieurs millions d'hommes, rassemblés sous l'appellation "les vêtus du ciel", vivent entièrement nus. Ce qui ne les empêche pas de se vêtir quand ils viennent en Europe. Des peuplades primitives vivent encore entièrement nues sans y voir la transgression d'un tabou. La nudité n'est donc pas une question de pudeur mais bien l'héritage de tabous liés à la sexualité.

L'ORIGINE DE LA PUDEUR EST-ELLE RELIGIEUSE ?

Selon la Bible, Adam et Ève vivaient nus dans le Paradis terrestre "sans ressentir de honte l'un devant l'autre". Pas question ici de pudeur originelle. Pourtant, une fois qu'ils eurent violé l'interdit divin et croqué du fameux fruit de l'Arbre de la connaissance du bien et du mal, "ils ouvrirent les yeux et virent qu'ils étaient nus". Leur première action fut donc de cacher leur nudité derrière les arbres du Jardin. Dans la tradition chrétienne, ce récit marque la naissance de la pudeur.

LA PUDEUR EST UN ÉLÉMENT DE LA SÉDUCTION

Dans les tribus primitives, tels les Botocudos du Brésil, connus pour se percer lèvres et oreilles et y introduire des disques décoratifs, ou encore les aborigènes des îles Andaman, au sud-est du continent indien, c'est la nudité qui apparaît comme un élément de pudeur. Les femmes qui portent des ceintures autour de la taille ne le font pas pour cacher leur sexe mais au contraire pour le décorer. D'autres y accrochent des coquillages, symboles de fertilité. Il s'agirait en fait d'une parure destinée à souligner leur disponibilité sexuelle. Le vêtement primitif ne serait donc pas destiné à cacher le corps mais au contraire à le mettre en valeur. N'est-ce pas toujours le cas aujourd'hui à travers les créations transparentes de certains couturiers ?

Cette pudeur inversée nous permet d'observer différemment les traditions qui imposent aux femmes de dissimuler leur corps. Porter un voile ne signalerait donc que la féminité d'une femme sans la faire disparaître mais au contraire en attirant l'attention sur sa fertilité. En creusant un peu plus loin dans le passé, nous pouvons relier le sentiment de pudeur au tabou du sang, de l'inceste et à l'obligation d'exogamie. La nudité aurait pour objectif de protéger les membres d'un même clan de tout désir sexuel. La tentation de transgression se trouverait atténuée, l'attention n'étant pas attirée par un endroit du corps en particulier.

Les interdits vestimentaires

Ce qui fut reproché à Jeanne d'Arc lors de son procès, c'est d'abord de s'être habillée en homme et de porter armure et épée. Une fois au cachot, Jeanne se retrouva dénudée, sans doute pour la pousser à faire l'erreur de remettre ses vêtements d'homme. C'est ce qu'elle fit en fin de compte, disant que c'est "par les nécessités de son emprisonnement" sans femme autour d'elle, embarrassée par la promiscuité avec des hommes, qu'elle reprenait des vêtements "virils". Porter les vêtements d'un sexe qui n'était pas le sien lui coûta la vie.

LE VÊTEMENT ORGANISE LA SOCIÉTÉ

Les règles vestimentaires forment un élément complémentaire des tabous. Les vêtements indiquent le sexe de la personne, son rang social, sa responsabilité au sein du groupe. Le port par les femmes du costume masculin a d'abord été considéré comme une transgression des commandements divins avant d'être condamné par la loi civile et la morale.

Le commandement biblique est formel : "Une femme ne portera pas un costume masculin, et un homme ne mettra pas un vêtement de femme."
À Byzance, vers 950, tous les vêtements de la cour étaient inscrits dans le *Livre des cérémonies* et chaque courtisan, jusqu'au moindre fonctionnaire, devait être habillé selon un code précis.

Il faudra attendre la Révolution française pour observer un léger effritement du tabou : "Toute femme désirant s'habiller en homme doit se présenter à la préfecture de police pour en obtenir l'autorisation… Cette autorisation ne peut être donnée qu'au vu du certificat d'un officier de santé…"
Deux circulaires de 1892 et 1909 autorisent le port féminin du pantalon, mais à condition que la femme tienne par la main un guidon de bicyclette ou un cheval ! Ces lois sont toujours en vigueur…

Dans les années 1925, Coco Chanel finit par imposer le pantalon aux femmes, ainsi

que les cheveux courts. Cette mode abolira un tabou vieux de dix millénaires.

En Afghanistan, sous le régime des talibans, on interdisait aux femmes de porter un pantalon, même sous le burqa*.

POUR LES HOMMES...
C'EST DIFFÉRENT

Dans certaines civilisations, l'inversion vestimentaire comportait d'abord une signification religieuse.
La transgression du tabou avait un effet "purificateur" puisque, en inversant les rôles, l'homme avait accès à la sacralité féminine exigée pour l'exercice de certains cultes. À Rome, certains fidèles à Attis ou à la déese Cybèle se faisaient émasculer* pour assouvir leur désir de prêtrise.

Aujourd'hui, chacun croit s'habiller librement. Mais en violant un interdit, on ne fait que renforcer le tabou lui-même. On remarque davantage la transgression que la conformité : on l'a vérifié avec le pantalon Chanel, le Levi's de Marilyn Monroe, le smoking d'Yves Saint-Laurent et la jupe pour hommes de Jean-Paul Gaultier.

Les jours tabous où il ne faut rien entreprendre

Le shabbat, septième jour de la semaine biblique, est l'un des fondements essentiels du judaïsme. Ce jour-là est consacré à Dieu et à l'étude des textes saints. Tout travail est interdit ; les forgerons doivent éteindre leur feu, les animaux être laissés au repos, les champs ne pas être labourés ni moissonnés. Par extension, tous les sept ans, la terre doit être laissée en friche et les produits des champs abandonnés à tous, riches, pauvres, étrangers ou esclaves. La septième année, toutes les dettes doivent être annulées et les esclaves libérés. Chaque quarante-neuvième année, soit sept fois sept ans, la propriété des terres doit être abolie.

Ces jours et ces années sont donc considérés comme tabous et assortis d'interdits que l'on ne peut transgresser qu'au prix de l'exclusion, d'une condamnation à la maladie ou la mort par la puissance divine.

Les Babyloniens, eux, préféraient ne pas travailler les septième, quatorzième, vingt et unième et vingt-huitième jours du mois, parce qu'ils considéraient ces jours comme néfastes.

LE REPOS DU DIMANCHE N'EST PAS UN TABOU

Le christianisme a pris l'habitude de fixer le jour de la résurrection de Jésus au dimanche. En fait, le dimanche était déjà consacré au soleil par les Romains. En France, en 1906, une loi républicaine instituera le dimanche comme jour de repos national.

Aujourd'hui, les chrétiens adventistes, un mouvement protestant fondé au XIXe siècle, considèrent le dimanche comme une fête païenne romaine, y préférant les tabous bibliques et la sainteté du samedi. Une solution a donc été trouvée par les Anglo-Saxons avec l'inauguration du week-end et l'extension de un à deux jours chômés, le samedi et le dimanche.

LE VENDREDI EST SACRÉ MAIS PAS TABOU

Dans l'islam, le vendredi aurait été choisi comme jour sacré par le prophète Mahomet dans la continuité d'une tradition arabe liée aux cultes anciens de Vénus. Dans la tradition musulmane, le vendredi est donc considéré comme le meilleur jour de la semaine : Dieu y aurait créé le premier homme, Adam, qu'il aurait fait entrer au paradis. Adam serait mort un vendredi. La dernière heure de ce jour est donc particulièrement propice aux prières, Dieu exauçant les vœux des fidèles, à condition qu'ils soient demandés selon la loi coranique. Cependant, si le vendredi est un jour sacré pour l'islam, la notion de repos hebdomadaire n'y est pas attachée.

COMMENT UN JOUR DEVIENT TABOU

Certains tabous naissent de l'expérience d'une personne ou d'un clan. Un homme empoisonné par de la viande de porc ou par un champignon ne consommera plus cet aliment de toute sa vie. Cette précaution devient un tabou quand l'interdit est transmis à ses descendants. L'interdit alimentaire vient de naître, pour éviter de reproduire des gestes qui ont mené à un déséquilibre du cosmos à travers la maladie d'un membre du clan. C'est selon cette même logique que certains jours peuvent devenir tabous.

Dans la tradition biblique, le 9 d'Av (le mois d'Av correspond à juillet/août) est un jour de jeûne en souvenir de la destruction du temple de Jérusalem par les Babyloniens en - 586. Ce jour commémore également la destruction du second temple par les Romains en 70. Il est relié à d'autres catastrophes ayant frappé le peuple juif.

LE 11 SEPTEMBRE EST DEVENU UN JOUR NÉFASTE

Le 11 septembre 2001 a suffisamment frappé les esprits pour être considéré comme un jour néfaste. Cette date correspond au onzième jour du neuvième mois, le fameux 9/11 qui est aussi le numéro d'appel d'urgence de la police américaine. Il est peu probable qu'un événement – à l'exception d'une commémoration – soit désormais célébré à cette date aux États-Unis. Pour le lancement d'un produit commercial, l'organisation d'une fête ou encore une élection présidentielle, la date du 9/11 sera longtemps évitée.

DES NOMBRES TABOUS OU DES SUPERSTITIONS ?

La superstition n'est pas la fille de l'irrationnel comme le serait une interdiction sacrée mais la conséquence de l'expérience humaine élevée au niveau d'une règle quasi scientifique. S'il se passe un jour quelque chose de terrible, il faut désormais tout faire pour éviter que cette catastrophe ne se renouvelle, et renoncer à toute action à la date anniversaire de ce jour. De même que si, lors d'un terrible accident, les personnes présentes formaient un certain nombre, ce nombre devra être banni de toute entreprise humaine.

LE NOMBRE TREIZE PORTE-T-IL MALHEUR ?

Aujourd'hui, nombreux sont ceux qui croient à l'interdit frappant le nombre treize, hérité du dernier repas de Jésus avec ses douze disciples. Le nombre treize indique l'élément le plus puissant d'un groupe de douze. Zeus menait un cortège de douze dieux olympiens. Dans la théologie des anciens Mexicains, le soleil est représenté au zénith accompagné de douze étoiles. Treize ne serait donc pas un nombre interdit mais sacré, ce qui signifie aussi que nul humain ne peut s'arroger le droit de prendre cette place. Philippe de Macédoine, père d'Alexandre le Grand, fit l'erreur d'ajouter sa propre statue à celle des douze dieux olympiens, et mourut assassiné peu après…

Des mots interdits... aux gros mots

Autrefois, le "gros mot" n'était pas toujours obscène. Certains mots étaient redoutés et magiques ; ils avaient la puissance d'un envoûtement. Capables de mettre en fuite les mauvais esprits ou d'attirer les bons génies, ces mots tabous ne pouvaient être utilisés que certains jours et dans certaines circonstances.
Lorsque des guerriers légendaires, comme dans l'*Iliade* d'Homère, s'injurient avant de combattre, leurs mots ont une portée surnaturelle. C'est un véritable enchantement destiné à affaiblir la force physique et mentale de l'adversaire.

Faire un geste obscène ou exhiber un endroit intime de son corps est considéré comme inacceptable. Cependant, dans le monde antique grec ou égyptien, il était courant que les femmes échangent des injures et ponctuent leurs propos en relevant leurs robes et en montrant leur arrière-train, comme pour tirer la langue. On retrouve ce geste à l'occasion des fêtes des moissons ou des vendanges, et aussi chez les guerriers écossais qui relevaient leurs kilts avant la bataille pour décontenancer leurs ennemis !

De nos jours, la courtoisie contribue à idéaliser l'homme, alors que la grossièreté tend à le dévaloriser. L'utilisation de mots grossiers a perdu son sens magique mais reste l'expression d'une terreur. C'est l'envie de ramener l'autre à son propre niveau en le privant de ses forces ou de ses qualités, en tentant de l'"enchanter".

LE NOM DE DIEU EST TABOU

Les mots ont tant d'importance que la pratique s'est répandue à travers les cultures de changer le nom d'une personne atteinte d'une maladie grave dans l'espoir de détourner l'ange de la mort. Par souci de protection, les noms anciens étaient associés à celui d'une divinité, comme le nom du Dieu suprême du monde juif ancien, le fameux *El* que l'on retrouve dans des prénoms actuels, comme Dani*el*, Gabri*el*, *Él*ie, Emmanu*el*, ou encore dans le nom même de l'État d'Isra*ël*.

Dans la tradition biblique, le nom de Dieu reste secret. Il est symbolisé par quatre lettres : YHVH, vocalisées *Yahvé*. À partir du IIIe siècle avant l'ère chrétienne, on utilise un nom alternatif, *Adonaï*, qui signifie "seigneur", mais il est aussi prononcé *Elohim* (Dieu), *Ha-Chem* (le Nom), *Chaddaï* (le Tout-Puissant) ou encore *Chekhinah*, qui désigne la présence de l'esprit divin. Seul le grand prêtre du temple de Jérusalem était autorisé à prononcer correctement le nom secret de Dieu, une fois par an, le jour du Grand Pardon.

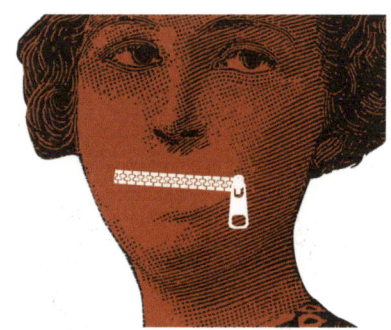

Le nom interdit est donc porteur d'une puissance capable d'effacer les péchés des hommes et de leur apporter une nouvelle pureté. Le tabou du nom est bien issu d'un interdit divin, le troisième commandement : "Tu ne prononceras pas en vain, le nom de l'Éternel, car l'Éternel n'innocente pas celui qui prononce son nom en vain."

Allah, contraction de *al-ilah*, "le Dieu", correspond au *El* biblique, mais le véritable nom du Dieu de l'islam reste inconnu. Le chapelet de prières musulman regroupe les quatre-vingt-dix-neuf noms merveilleux de Dieu (davantage des qualités que des noms), le centième nom restant secret.

CHANGER LES MOTS POUR DÉROUTER LE CHÂTIMENT

Cette interdiction de connaître et de prononcer le nom de Dieu frappe les jurons issus de la religion, notamment dans les cultures juive, chrétienne et musulmane.

LE VERLAN, DES *STOM QUESGIMA*

L'utilisation du verlan renvoie au tabou ancestral des mots "magiques". Il ne s'agit pas d'une nouvelle langue, mais de la déformation de mots pour pouvoir les prononcer sans s'attirer de châtiment. Les mots inversés reflètent le désir d'inverser le sort, de retourner l'image de leur société en direction de ceux qui vivent hors du clan : *caillera* pour racaille, *fonbou* pour bouffon, *keuf* pour flic, etc. NTM – Nique ta mère – renvoie au viol du tabou d'inceste… Les mots inversés et les insultes agissent comme de véritables incantations. Ils sont l'expression d'une peur terrible de transgresser les tabous. Il ne s'agit pas, comme dans l'argot, de crypter des messages dans l'organisation d'un langage codé mais plutôt de se protéger d'inévitables sanctions qui viendraient châtier l'irrespect d'interdits sociaux et religieux.

Ainsi, prononcer un nom divin dans un contexte profane reste condamnable "Je renie Dieu" est devenu, au XVIe siècle, "jarnidieu", ou encore "jarnibleu". "Sacrebleu", qui exprime l'impatience, remplace "sacredieu". "Morbleu" remplace le juron "mort de Dieu".

Pourquoi la pornographie reste taboue ?

La sexualité n'est jamais interdite mais organisée dans le respect des tabous et des totems du clan. Aucune religion ne fait de la sexualité un péché.

Au contraire, les relations charnelles entre un homme et une femme sont la garantie du respect du commandement divin : "Fructifiez, croissez et multipliez-vous."
La tradition monothéiste va jusqu'à sanctifier la sexualité en l'organisant autour de mariages et de l'obligation de créer une famille. La stérilité du couple apparaît comme un châtiment divin. Dieu ayant créé l'être humain à son image, masculin-féminin, la relation sexuelle entre un homme et une femme tient une place éminente. Selon la Bible, cette relation doit se dérouler en état de conscience, dans un esprit de fusionnement, en bannissant toute forme de violence, afin d'attirer une nouvelle âme à rejoindre un corps.

LA PORNOGRAPHIE, UN RETOUR AUX CULTES PAÏENS

La pornographie est considérée comme la mise en images ou en texte des détails obscènes liés à une relation sexuelle. Il ne s'agit pas de sexualité ni d'érotisme ou d'amour, ni même d'une sorte de liberté animale, puisque les animaux ne s'accouplent que pour procréer. Elle apparaîtrait plutôt comme la caricature de rites orgiaques.

Les traditions totémiques ou polythéistes pratiquaient des orgies à l'occasion des rituels de fertilité de la terre, du bétail et du clan. Les peuples primitifs pratiquaient de nombreux rites de fécondation. Certaines tribus australiennes portaient à la ceinture des flèches, à la manière d'un phallus, dansant autour d'un trou creusé dans la terre, à l'image d'un sexe féminin, dans lequel on plantait flèches et bâtons. D'autres, en pratiquant des actes sexuels rituels dans les champs, pensaient contribuer à la fertilité de la terre.

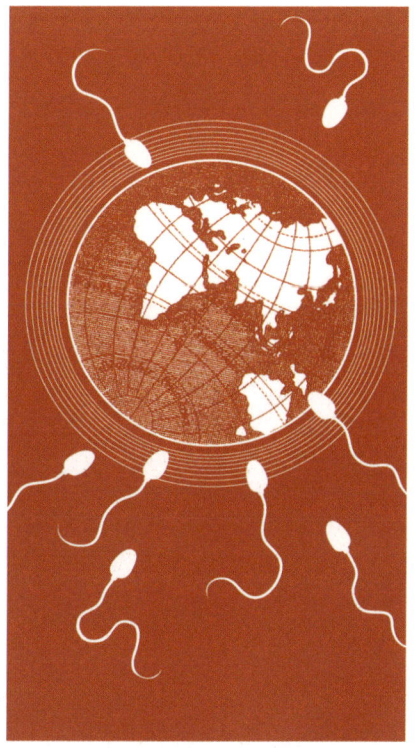

Lorsque les dieux et les déesses apparurent, il fallut bien les unir charnellement à travers un prêtre et une prêtresse pour garantir le renouvellement du printemps, comme à Babylone, lors des fêtes sacrées, où un homme et une femme s'unissaient à l'image du dieu Mardouk et de la déesse Ishtar, au septième étage de la fameuse tour de Babel : le légendaire septième ciel où devraient se retrouver les amants comblés…

À ROME, POUR LA PREMIÈRE FOIS, LA DÉBAUCHE SEXUELLE EST INTERDITE

Dans la Rome antique, se propage un culte organisé autour d'orgies, des fêtes qui expriment un retour au chaos avec la transgression de tous les tabous, un retour à des temps où les interdits n'existaient pas. Les hommes veulent ressembler à leurs divinités et s'identifient à elles dans des simulacres de vie divine, sans lois et sans tabous, des fêtes durant lesquelles les fidèles, croyant percer les mystères de Dionysos, entraient dans des transes sacrées.

Lors des bacchanales, consacrées au dieu de la vigne, Bacchus, les fidèles consommaient probablement de la chair crue et s'enivraient jusqu'à être possédés par la divinité, multipliant les relations sexuelles sans distinction de lien de parenté ou d'âge. Pendant ces nuits, l'ivresse étouffait les tabous ancestraux, l'interdiction du cannibalisme, de l'inceste, ou encore du viol. En 186 avant notre ère, le Sénat de Rome interdit finalement les bacchanales qui rassemblaient une immense population devenue incontrôlable.

UN "CANNIBALISME DE L'ŒIL"

Le regard posé sur une image pornographique peut être comparé à un "cannibalisme de l'œil" puisqu'on assiste à la déshumanisation d'êtres réduits à des morceaux de chair. De la même manière, les *snuff movies*, des films montrant des morts en direct, nient la personne en transgressant un tabou fondamental, celui de ne pas tuer.

La pornographie restera sans doute taboue très longtemps, parce qu'elle transgresse aujourd'hui les tabous fondateurs autour desquels les différentes religions se sont rassemblées et les lois ont été créées.

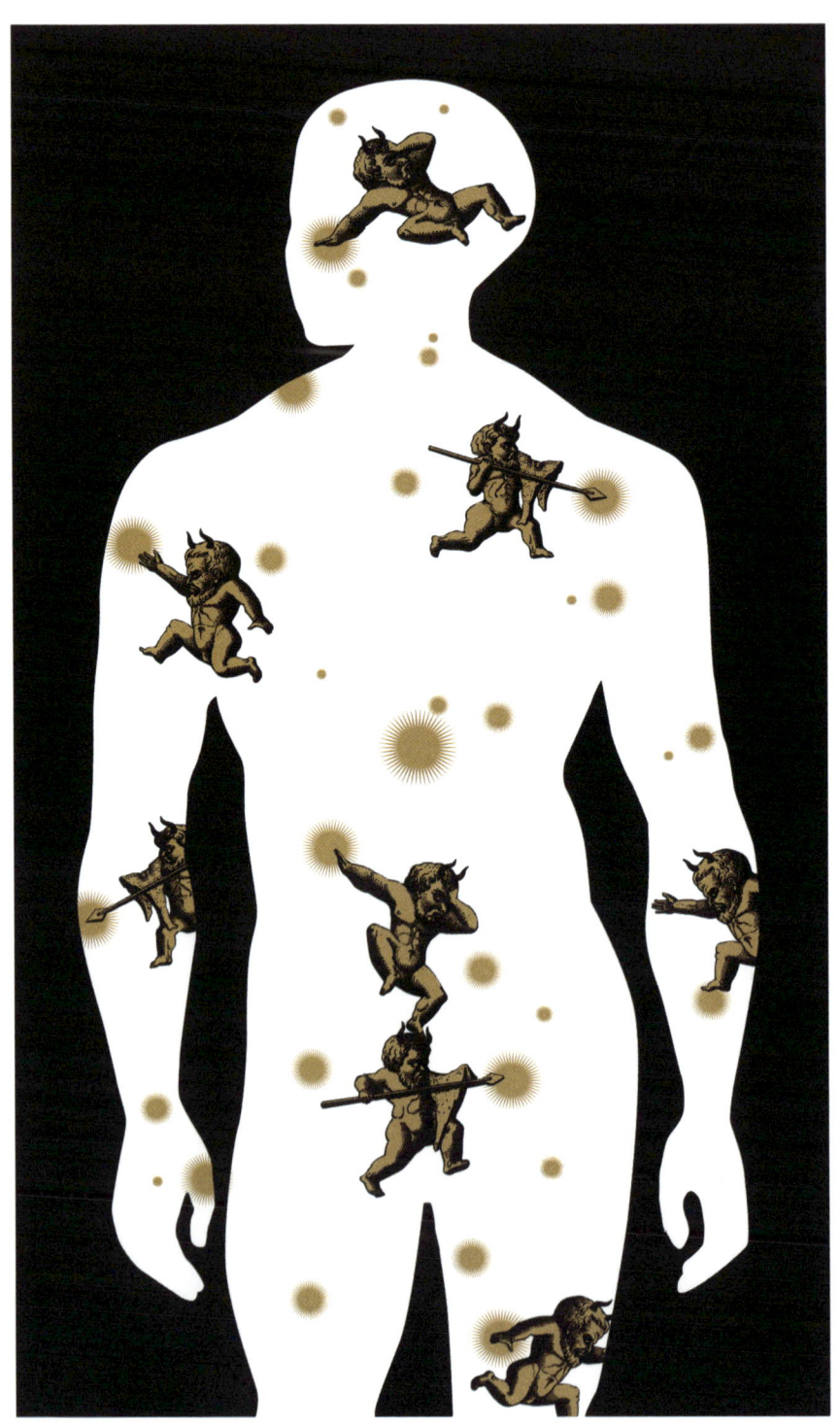

Ce n'est plus tabou !

La maladie et le handicap ne sont plus tabous

Même si les médecins sumériens, il y a cinq millénaires, utilisaient, pour soigner les malades, des remèdes à base de sel marin, de salpêtre ou encore de lait, l'emploi de talismans ou d'exorcismes semblait alors plus efficace. Pour les Sumériens, comme plus tard les Babyloniens, les Égyptiens et les peuples de la Bible, les maladies étaient attribuées à des démons malfaisants qui s'introduisaient dans le corps pour se nourrir de leur énergie vitale.
Les tatouages à chaque extrémité du corps, au bout des mains et des pieds, étaient destinés à empêcher ces démons d'entrer. Les médecins égyptiens étaient, pour la plupart, des prêtres de la déesse Sekhmet, particulièrement crainte pour ses émissaires qui répandaient épidémie, fièvre et mort. Ces médecins combattaient la maladie en récitant des formules magiques ou des incantations religieuses. Guérir était un véritable miracle !

LA MALADIE, CHÂTIMENT DE LA TRANSGRESSION D'UN TABOU

Dans la pensée biblique, la transgression d'un tabou était souvent punie par l'envoi d'une maladie, la lèpre ou la peste. Miriam, sœur de Moïse, sera frappée d'une lèpre de sept jours pour avoir prétendu être une prophétesse. Les armées assyriennes qui assiègent Jérusalem au VIIIe siècle avant notre ère seront décimées par la peste envoyée par Yahvé pour sauver le royaume de Juda. La maladie, notamment la lèpre et autres affections de la peau, était perçue comme un châtiment divin, comme pour Mikal, qui fut frappée de stérilité pour s'être moquée de la piété de son mari, le roi David.

Au Moyen Âge, les maladies étant considérées comme l'aveu d'une faute, il n'était pas rare de massacrer des colonies de lépreux. La grande peste de 1348 condamnera non seulement les malades mais aussi les impies, et notamment les Juifs qui, accusés d'empoisonner les puits, seront décimés dans un esprit de véritable sacrifice humain destiné à apaiser la colère de Dieu. La variole décomposant les chairs de Louis XV apparaîtra comme un juste châtiment divin frappant l'amant débauché de la scandaleuse comtesse du Barry.

Le malade est donc tabou, c'est-à-dire frappé d'impureté. Bannissement, exclusion sociale, il ne fait plus partie de la société. Aujourd'hui encore, lorsque l'épidémie du Sida s'est répandue, combien ont continué, à tort, à prétendre que cette maladie était la réponse de Dieu à la libération des mœurs sexuelles ? N'a-t-il pas fallu, récemment, organiser une campagne de communication pour montrer combien les personnes atteintes d'un cancer sont des personnes comme les autres ?

L'affaiblissement du tabou lié à la maladie a néanmoins commencé vers 1865, lorsque Louis Pasteur a apporté la preuve que des micro-organismes sont bien responsables des maladies infectieuses. Les maladies ne sont plus des malédictions. Elles ne sont plus le résultat d'hypothétiques fautes du malade, et il ne devrait donc plus être question de châtiment divin. Mais les superstitions ont la vie dure...

LES PERSONNES HANDICAPÉES FURENT LONGTEMPS TABOUES

Récemment encore, la personne handicapée était tenue à l'écart de la société. Le mythe d'Œdipe, aveuglé pour avoir tué son père et avoir eu des relations sexuelles avec sa mère, a trop longtemps associé handicap et culpabilité. La première épouse de Charlemagne, mariée selon le rite franc, lui donna un fils nommé Pépin qui, malheureusement, naquit bossu. Devenu père de trois autres fils, Charles déshérita Pépin, voyant dans son infirmité la main de Dieu. Vulcain, le dieu boiteux banni de l'Olympe pour son infirmité, était prisonnier de ses forges souterraines. Et après tout, Satan, un ange déchu,

ne boitait-il pas lui aussi ?
En France, il aura fallu trois lois
pour tenter d'abolir un tabou
plusieurs fois millénaire
et faciliter l'acceptation
et l'intégration des handicapés
dans la société.

La vieillesse n'est plus taboue

Adam, le premier homme,
vécut 930 ans ; Noé 950 ans,
Abraham 175 ans, et Moïse,
120. Dans la Bible, atteindre
un grand âge est une
bénédiction divine. La vieillesse
est synonyme de sagesse
et associée à une connaissance
profonde de la vie.
Dans l'Antiquité, les Anciens
étaient investis d'une autorité
suprême. Les Scythes étaient
considérés comme des barbares
parce qu'ils abandonnaient
les plus âgés sur la route.
Le monde proche-oriental
n'aurait pas abandonné
un ancien pour tout l'or
du monde. La vieillesse n'était
donc pas rejetée ou méprisée,
mais au contraire respectée
et valorisée. Elle représentait
l'espoir de chacun de vivre
la totalité des jours qui lui
étaient promis.

De quelle manière ce respect
des Anciens s'est-il transformé
en idéalisation de la jeunesse ?
Comment l'expérience et
la connaissance se sont-elles
trouvées bannies au profit
d'une jeunesse divinisée ?

ALEXANDRE LE GRAND LANCE LE JEUNISME

Élève d'Aristote et roi
de Macédoine à vingt ans,
Alexandre est devenu le plus
grand conquérant de l'histoire.
En disparaissant à trente-trois
ans, en pleine gloire, il a inspiré
la plupart des futurs monarques
et notamment les Césars.
Il n'est plus question de porter
une barbe. Les cheveux sont
bouclés, parfois blondis,
comme ceux de Néron.
L'apparence de la jeunesse
– davantage que la jeunesse
elle-même – devient à la mode.

De nos jours, cette mode est
toujours présente : les images
et les modèles jeunes dominent
dans la publicité. La chirurgie
esthétique efface les rides

et les calvities de l'âge. Le culte du corps ressemble aux idéaux de beauté du monde grec ancien dont les statues exprimaient pourtant la perfection des dieux et non celle des hommes.

LE MYTHE DE L'ÉTERNEL RETOUR

En réalité, la vieillesse n'a jamais été taboue. C'est la jeunesse qui est devenue sacrée. Il s'agit de bien plus que l'imitation d'un héros immortel, parce que mort trop jeune, comme Alexandre, mais aussi Marilyn Monroe, James Dean ou Jim Morrison. La quête d'une jeunesse perpétuelle est l'écho de rites archaïques : toujours revenir à l'instant de la création du monde et le monde ne finira jamais.

Le mythe de l'éternel retour a animé les espoirs de la plupart des peuples primitifs comme les Babyloniens. Chaque année avaient lieu les fêtes du printemps afin de s'assurer que l'année se renouvellerait. Chaque année, les hommes fêtaient le jour de leur naissance pour revenir sans cesse à l'instant de leur création. La quête de la jeunesse éternelle équivaut à dévaloriser le temps, dans l'espoir que, si on ne lui accorde aucune attention, ce dernier n'existera pas. Les sociétés primitives étaient organisées autour d'un temps circulaire, où revenir sans cesse à l'origine de la création était la garantie d'une vie sans mort. La pensée religieuse moderne s'est organisée, elle, autour d'un temps linéaire, un temps dont l'issue serait l'avènement du Messie ou, dans la tradition chrétienne, la rédemption. Pour être immortel, il faut d'abord mourir. Cette perspective a motivé le véritable bannissement des personnes les plus âgées, preuves que la jeunesse éternelle n'existe pas.

Mais aujourd'hui la vieillesse n'est plus taboue. L'allongement de la durée de la vie et les progrès de la science ont redonné l'espoir aux hommes. Le salut n'est donc plus inscrit dans le passé, mais dans le futur.

L'homosexualité n'est plus taboue

L'homosexualité ne répond pas à un tabou archaïque. Ce terme n'existe ni dans la Bible juive ni dans le Nouveau Testament. Il a été inventé en 1869 par un médecin autrichien pour décrire une orientation sexuelle ne correspondant pas à la normalité constatée. C'est à partir du XIXe siècle que la sexualité devient un facteur déterminant pour décrire un individu dans la société.

Dans le Proche-Orient ancien, Israël, la Mésopotamie ou l'Égypte, le concept d'orientation sexuelle était inconnu. Aucun code de lois ne condamnait l'homosexualité. L'homme n'est condamné que si l'acte sexuel implique la violence. Sous le règne de Roboam, fils de Salomon, les textes rapportent que la prostitution masculine était officielle dans le pays. Dans l'Égypte ancienne, un pharaon qui entretenait des relations particulières avec son chef des armées n'était coupable d'aucune transgression, même s'il fut tourné en ridicule par ses détracteurs. Jules César lui-même, connu pour avoir séduit un grand nombre de femmes, aurait aussi été l'amant de Nicomède IV, roi de Bithynie. Cette aventure lui vaudra des moqueries (ses soldats chantaient : "César a soumis les Gaules, Nicomède a soumis César"), mais ne fera l'objet d'aucune condamnation.

L'ORIGINE DU TABOU DE L'HOMOSEXUALITÉ

"Tu ne coucheras pas avec un homme comme on couche avec une femme", interdit la Bible. Ce n'est pas la personne homosexuelle qui est condamnée mais l'acte en question. La sodomie est considérée comme une perte du fluide vital du clan ou de la tribu. L'acte est donc rejeté, non pas pour des questions de moralité, mais d'efficacité. Dans ce contexte biblique, seul l'homme est tenu d'être fécond.

L'acte homosexuel masculin sera donc interdit mais l'homosexualité féminine, qui n'entraîne pas de perte du précieux fluide vital, ne sera pas condamnée. La perte du fluide vital du clan est au cœur du débat ancien sur l'homosexualité. Légalement, les mœurs romaines interdisaient les rapports homosexuels entre deux personnes de sang romain, mais les autorisaient avec des esclaves ou des étrangers, le sang romain n'étant alors pas menacé.

Dans la tradition chrétienne, l'apôtre Paul condamne l'homosexualité, en en faisant un véritable nouveau tabou, une condamnation sur laquelle l'Église s'appuiera pour tenter d'exclure les personnes homosexuelles de son sein. Aucune condamnation de cette sorte ne se trouve dans les Évangiles. La fracture provoquée par Paul dépasse l'acte sexuel et touche l'orientation sexuelle des hommes et des femmes. Mais il faut rappeler que Paul vivait à une période de rupture entre le monde biblique et les religions romaines. Néron ne venait-il pas d'épouser un jeune homme nommé Sporus qui ressemblait parfaitement à son épouse défunte, Poppée ?

UN TABOU RATTRAPÉ PAR LA SCIENCE

L'homosexualité a donc été considérée tardivement comme tabou – et pour des raisons religieuses, non pas pour des raisons de moralité. En réalité, les peuples primitifs n'établissaient pas de lien direct entre l'acte sexuel et la reproduction. On considérait que les femmes étaient fécondées par le vent ou par des esprits, puis plus tard par des dieux. Bien avant l'émergence des religions, les hommes considéraient l'union sexuelle comme un rite. L'homme représentait le ciel d'où tombe la pluie, et la femme la terre, qui, une fois fertilisée, donnera des fruits. L'acte sexuel entre un homme et une femme apparaissait comme un moyen de participer au sacré, de reproduire au niveau humain les cycles cosmiques, de se purifier afin de tendre vers l'immortalité. L'acte homosexuel n'était donc pas condamné, mais ne participait sans doute pas aux rituels de sacralisation du clan.

L'insémination artificielle, et l'acceptation grandissante de l'homoparentalité, rendent le tabou de l'homosexualité caduc, puisque hommes et femmes sont de plus en plus nombreux à avoir la possibilité de construire une famille tout en vivant selon l'orientation sexuelle qu'ils ont choisie. Le tabou d'homosexualité disparaît parce qu'il n'a jamais vraiment existé en tant que tel. Un véritable tabou ne se plaide pas, ne s'abolit pas et ne s'efface pas selon l'opinion des uns et des autres. Les tabous de l'inceste ou du meurtre, en revanche, ne sont pas près de disparaître parce qu'ils sont des tabous fondateurs, et non de simples interdits. Ce qui n'est pas le cas de l'homosexualité.

Maintenant c'est tabou !

Le mariage forcé est interdit

Chez de nombreux peuples primitifs subsiste une forme de mariage où le fiancé, avec ses amis ou sa famille, enlève sa future fiancée à ses parents, parfois par une violence simulée, souvent par une violence réelle. Cette coutume est le vestige d'une coutume archaïque selon laquelle les hommes d'une tribu enlevaient de force les femmes d'autres tribus.

L'obligation pour un homme ou une femme de se marier exclusivement en dehors de son clan a mené cette tradition vers une forme de légitimation. Aujourd'hui encore, de nombreuses jeunes filles sont ainsi mariées de force, le plus souvent par une famille persuadée d'accomplir une bonne action. Au Viêtnam, il y a encore quelques années, le mariage par rapt se pratiquait couramment, et la famille de la jeune fille ne pouvait s'y opposer.

LE MARIAGE PAR RAPT, UNE UNION CONTESTÉE

Néanmoins, le mariage par rapt a toujours été contesté, et semble avoir été d'abord un moyen de réparer un viol éventuel. Pas tout à fait une épouse et pas vraiment une concubine, la jeune fille enlevée et mariée de force apportait non seulement du sang neuf au clan, mais aussi des biens sur lesquels elle pourrait avoir des droits. Les textes bibliques nous donnent de nombreux exemples de cette contestation, à commencer par le récit de Dina : la fille de Jacob fut enlevée par un fils de Sichem lors de la fête des vendanges, généralement favorable aux rencontres entre célibataires.

Sichem souhaitait épouser Dina. Jacob y consentit, dans l'espoir de réparer le viol, mais les frères de la jeune fille refusèrent. Craignant qu'une partie de leurs terres ne leur échappent, ils massacrèrent la tribu de Sichem : cette faille entre les générations montrait, déjà, une contestation de la tradition du mariage par rapt.

Romulus, fondateur légendaire de Rome, suivit l'obligation de mariage hors de son clan en proposant aux tribus voisines une alliance conjugale. Devant leur refus, il organisa l'enlèvement des femmes et des filles de la tribu des Sabins. Des affrontements suivirent, mais les Sabines acceptèrent finalement ces mariages par rapt en évoquant la parenté nouvelle qui alliait les clans.

LE MARIAGE FORCÉ DEVIENT UN TABOU

Dans le mariage forcé, les femmes n'ont ni recours ni protection. L'Église catholique, d'abord barbarisée, renonce au principe du consentement mutuel, pourtant indispensable à l'établissement du lien conjugal, et les conciles mérovingiens admettent systématiquement le rapt comme preuve de mariage.

Heureusement, en 1215, le concile de Latran IV établit qu'"aucun mariage ne peut exister entre l'homme ravisseur et la femme enlevée tant que celle-ci demeure sous le pouvoir du ravisseur. Si la femme, séparée de son ravisseur et constituée en un lieu sûr et libre, consent à le prendre comme mari, l'empêchement cesse".

Le mariage par rapt devient tabou parce qu'il va à l'encontre du principe d'un lien conjugal volontaire ; il ne peut pas être question de séquestration et de mariage sous la menace. Pour l'Islam aussi, le mariage effectué sous la contrainte et hors du consentement de la femme est considéré comme nul. Le tabou fait son chemin puisque, récemment, la république de Sierra Leone, en Afrique, a décidé de poursuivre tout mariage forcé en tant que crime contre l'humanité.

Et pourtant en France, selon le Haut Conseil à l'intégration, soixante-dix mille jeunes filles seraient encore concernées par le mariage forcé. Un chiffre certainement en dessous de la réalité, compte tenu du silence qui règne trop souvent autour de ces pratiques.

LIBRES ET ÉGAUX
Depuis 1948, la Déclaration universelle des droits de l'homme (et de la femme) est limpide sur ce sujet : elle stipule que l'homme et la femme ont des droits égaux au regard du mariage et que celui-ci ne peut être conclu qu'avec le libre et plein consentement des futurs époux.

L'esclavage est un tabou

LA PREMIÈRE INTERDICTION DE L'ESCLAVAGE SE TROUVE DANS LES TEXTES BIBLIQUES

Dans le monde grec antique, le genre humain était divisé en hommes libres et en esclaves. Platon et Aristote eux-mêmes ne remirent jamais l'esclavage en cause. Au Ier siècle, la péninsule italienne comptait trois millions d'esclaves, principalement des Bretons, des Germains, des Gaulois, des Ibères, mais aussi des Juifs dont cent mille ont été "mis sur le marché" après la chute de Jérusalem en 70, faisant d'ailleurs baisser le cours de l'esclave. Les esclaves grecs ont une plus grande valeur, et les Égyptiens sont omniprésents dans l'environnement des empereurs romains. L'esclave est un meuble, un outil doté de la parole, mais pas un être humain complet. Dénué de droits civiques, il ne peut ni se marier ni posséder ou transmettre quoi que ce soit à ses enfants, qui naissent eux-mêmes esclaves.

L'esclavage faisait partie du système économique et religieux des nations antiques et notamment de l'Empire romain. Dans le monde antique, mais aussi plusieurs millénaires auparavant, en Mésopotamie, si les hommes étaient les esclaves des dieux, il leur paraissait naturel de reproduire cette dépendance en possédant des esclaves à leur tour. Il était alors difficile d'accepter le concept biblique que, tous les hommes étant créés par Dieu à Son image, nul ne peut vraiment être propriétaire d'un autre homme.

Les textes bibliques ne tentent pas d'abolir l'esclavage, mais de le limiter et de l'humaniser. Un Hébreu ne pourra demeurer esclave au-delà de six années. À l'issue de la période de servitude, il ne pourra être renvoyé les mains vides. La vente d'esclaves ne peut se faire en public, et tout affranchi peut se convertir au judaïsme et donc épouser une israélite.

L'ESCLAVAGE : UN TABOU QUI AURA MIS TROIS MILLE ANS AVANT DE S'UNIVERSALISER

Dès le XVIe siècle, les actes de piraterie des Barbaresques se multiplient en Méditerranée, alors surnommée mer de la Peur. Les chrétiens deviennent un produit d'échange pratique et fructueux. Les navires des pays d'Europe sont régulièrement pillés. Marins et passagers sont ensuite vendus comme esclaves à Alger, Tunis ou Tripoli. Des ordres religieux fondés au Moyen Âge s'organisent pour racheter les otages. Ceux qui ne paient pas de rançon sont réduits définitivement en esclavage. Près d'un million d'hommes auraient ainsi été vendus entre 1530 et 1780.

En 1526, l'empereur Charles Quint interdit le commerce d'esclaves, suivi en 1537 par le pape Paul III. Pourtant, en 1685, Louis XIV promulgue le monstrueux Code noir réglementant l'esclavage des Noirs aux Antilles, en Louisiane et en Guyane. Si, d'un point de vue religieux, les Noirs sont désormais dotés d'une âme, ce n'est pas le cas sur le plan juridique, puisqu'ils sont considérés comme des biens meubles transmissibles et négociables. La traite des

Noirs prend alors un essor tragique, notamment en raison du besoin de main-d'œuvre exigé par l'industrie sucrière dans les Antilles.

Le 4 février 1794, l'abbé Grégoire parvient à faire voter par la Convention l'abolition de l'esclavage dans les colonies françaises. Rétabli en 1802 par Bonaparte, l'esclavage sera définitivement aboli par la France le 27 avril 1848, notamment grâce aux efforts de Victor Schoelcher. "Disons-nous et disons à nos enfants que tant qu'il restera un esclave sur la surface de la Terre, l'asservissement de cet homme est une injure permanente faite à la race humaine tout entière", écrira le sénateur.

LA LIBERTÉ EST UN DROIT QUE TOUT ÊTRE HUMAIN ACQUIERT À SA NAISSANCE
La Déclaration universelle des droits de l'homme de 1948 élève l'esclavage au rang de tabou. L'article premier établit que "tous les êtres humains naissent libres et égaux en dignité et en droits". L'article trois, que "tout individu a droit à la vie, à la liberté et à la sûreté de sa personne" ; et l'article quatre, que "nul ne sera tenu en esclavage ni en servitude ; l'esclavage et la traite des esclaves seront interdits sous toutes leurs formes". L'esclavage est enfin considéré comme une atteinte à la collectivité tout entière, ce qui exprime bien la motivation première des tabous, une interdiction non discutable, destinée à protéger le faible et à maintenir la cohésion de la société.

La discrimination et le racisme deviennent tabous

Pendant des millénaires, les civilisations successives se sont construites sur la différence d'un peuple dominant avec des peuples vaincus. Rome partageait le monde entre dominants et dominés, entre hommes libres et esclaves ; les Grecs entre citoyens et barbares ; le judaïsme entre monothéistes et idolâtres ; le christianisme entre baptisés et païens, entre catholiques et protestants, et l'islam entre croyants et infidèles.

La République, à son tour, dressera les aristocrates contre les bourgeois, les riches contre les pauvres, les religieux contre les laïques, les colonisateurs contre les colonisés. Le racisme et la xénophobie deviennent les causes puissantes des conflits qui sont à l'origine des confrontations les plus violentes de l'histoire.

L'HUMANITÉ S'EST CONSTRUITE SUR L'EXCLUSION

L'exclusion ne date pas d'hier. Rejeter l'étranger, celui qui semble différent, était jadis le fondement même d'une société. Il y a quatre millénaires, l'écriture mésopotamienne utilisait des signes presque identiques pour désigner un ennemi, un étranger ou un esclave. La Mésopotamie étant un pays plat, la montagne désignait la frontière avec l'étranger et le pays ennemi. Dans cette civilisation, la montagne est devenue le pays des morts et ses habitants des êtres hors normes, à exterminer de la façon la plus violente.

L'exclusion était jadis un moyen d'affirmer sa propre légitimité. Si les dieux protègent un peuple, c'est bien parce que ce peuple le mérite par sa piété, sa fidélité et sa loyauté. Là se trouve la garantie de sa survie, une survie refusée à ceux qui n'ont ni les mêmes dieux, ni les mêmes cultes, ni les mêmes rites, ni la même couleur de peau. Racisme et discrimination sont donc d'abord fondés sur la peur de disparaître. Ils sont un aveu de faiblesse et une preuve d'ignorance.

Heureusement, le monde change. Les frontières s'ouvrent, les distances se réduisent. Le premier effet de la libre circulation des hommes, de leurs religions et de leurs traditions, c'est la nécessité d'apprendre à connaître l'autre. Les religions ont peu à peu perdu leur territoire d'origine.

Les hommes ne laissent plus leurs bagages spirituels aux frontières, mais les emportent avec eux. Chaque être humain devient ainsi son propre monde, responsable de lui-même et de son avenir, libéré des préjugés et du poids des peurs passées.

LES TEXTES BIBLIQUES NE SONT PAS LE TERREAU DU RACISME

Certains ont tenté d'appuyer leurs théories racistes sur les textes bibliques. La Genèse rapporte que Noé eut trois fils : Sem, Cham et Japhet, et qu'à partir d'eux se fit le peuplement de la terre. Sem est présenté comme l'ancêtre commun des peuples sémitiques. Cham serait à l'origine des habitants de Canaan, cette région proche-orientale, entre l'Égypte et la Mésopotamie. Japhet serait l'ancêtre des Mèdes, des Scythes, des Grecs et des peuples de la Méditerranée orientale. Les théories sur l'échelle des origines et la création des races, l'une considérée sainte et l'autre maudite, ne tiennent pas…

LA NAISSANCE D'UN NOUVEAU TABOU : CELUI DU RACISME ET DE LA DISCRIMINATION

La traite et l'esclavage des Noirs, le génocide des Arméniens par l'Empire ottoman, l'extermination des Juifs par le régime nazi, les génocides du Rwanda, les campagnes de "purification ethnique" lancées par des Serbes contre des Albanais du Kosovo, le racisme et la discrimination ont peut-être tiré leurs dernières cartouches au XXe siècle.

Ce qui paraissait hier comme une marque de fierté est devenu aujourd'hui une attitude honteuse, sanctionnée par un interdit inviolable. Un tabou qui, s'il était transgressé, remettrait en cause la nouvelle société qui s'est construite sous nos yeux, détruisant la trame même de l'humanité.

La fin de la ségrégation entre Blancs et Noirs, amorcée en 1954 aux États-Unis, l'abolition de l'apartheid en Afrique du Sud, en 1991, et l'institution en France d'une journée nationale de commémoration de l'abolition de l'esclavage, le 10 mai, ont sans doute été les signes forts de la proclamation de ce nouveau tabou.

MAINTENANT C'EST TABOU !

Les questions d'éthique, jusqu'alors surtout réservées à la sphère privée et au droit national, deviennent une problématique mondiale. Plus personne n'a le droit d'être le raciste de l'autre : "Chacun de nous peut jouer un rôle dans la lutte contre le racisme et la xénophobie, sur les lieux d'enseignement, de travail, dans son village, dans sa ville. Ce faisant, nous rendrons le plus grand hommage dont nous soyons capables aux auteurs de la *Déclaration universelle des droits de l'homme* lorsqu'ils ont proclamé que tous les êtres humains sont égaux en dignité et en droit" (Nelson Mandela).
La discrimination raciale, religieuse ou sexuelle est donc désormais un véritable tabou, que nous avons la chance de voir prendre forme sous nos yeux.

Le clonage, un tabou moderne, né avec l'humanité

Créer un être humain est un rêve millénaire qui paraît aujourd'hui pouvoir se concrétiser. L'homme a toujours espéré pouvoir contrôler la vie, la sienne d'abord, puis celle des éléments naturels. En mangeant le fruit de l'Arbre de la connaissance du bien et du mal, Adam et Ève découvrent qu'ensemble, ils peuvent donner la vie. L'homme et la femme détiennent désormais le pouvoir de créer des êtres humains. Depuis, l'homme n'a eu de cesse de percer le secret de ce qui fait la différence entre un objet inerte et un être vivant.

FRANKENSTEIN, UN PROMÉTHÉE MODERNE

Au XIXe siècle, Mary Shelley publie son roman *Frankenstein*, l'histoire d'un savant qui parvient à recréer la vie à partir de cadavres et le paiera cher, de sa propre vie. Il ressemble au Prométhée de la mythologie, ce titan à qui est attribuée la création de l'humanité et qui lui apporta le feu. Il sera condamné par Zeus à expirer éternellement sur un rocher, le foie perpétuellement dévoré par un aigle.
Le mythe de Prométhée inspira sans doute le serpent biblique qui apporte à Adam et Ève le savoir indispensable à leur existence. Le serpent sera condamné à ramper sur le sol et le premier couple voué à la mortalité. Cela fait donc des millénaires que la création d'une vie humaine par une puissance autre que divine est un tabou.

LES TABOUS NE DISPARAISSENT PAS AVEC LA SCIENCE

Les progrès de la science nous laissent entrevoir un monde où l'homme deviendrait son propre créateur. Certaines techniques de clonage permettent l'implantation dans une future mère d'un embryon créé sans fécondation. Elles ont permis la naissance de Dolly, première brebis clonée.
Il faut distinguer le clonage à des fins thérapeutiques et le clonage dit reproductif à des fins commerciales.
Dans le premier cas, il s'agit de remplacer les cellules malades par des cellules clonées.
De nombreuses personnes meurent de maladies qui pourraient être traitées par le clonage thérapeutique, comme certains cancers, la maladie d'Alzheimer, ou encore celle de Parkinson. Le clonage reproductif (s'il s'avérait possible) ferait de l'homme une marchandise.
Celui-là risque bien de rester tabou, car sa seule fin serait de fabriquer des ovules et, pourquoi, pas des organes de rechange ! Ou de développer une pratique eugénique permettant de sélectionner ceux qui auraient le droit de venir ou monde.

Ou encore de fabriquer des copies d'êtres vivants ou morts. La terre serait alors envahie d'Elvis Presley (sans son talent), de Marilyn Monroe (sans son charme) ou d'Albert Einstein (sans son génie), et pire encore, de clones d'Adolf Hitler (sans sa cruauté ?). L'apparence physique enleverait au nouveau-né son libre-arbitre et le droit à décider de sa vie.

Mais le clonage reste un tabou : En France, la loi relative à la bioéthique adoptée le 8 juillet 2004 interdit le clonage, qu'il soit thérapeutique ou reproductif, et a introduit dans le Code pénal la notion de crime contre l'espèce humaine pour le clonage reproductif. Plus que d'un interdit, il s'agit là d'un tabou moderne !

Conclusion

Un monde sans tabous serait un monde inhumain ; cependant, il faut en connaître les origines et les significations. Tous les véritables tabous ont un dénominateur commun, celui de protéger le faible contre le fort et de permettre une vie sociale apaisée. N'utilisons donc pas le mot tabou à tort et à travers.

Nombre d'interdits prétendent accéder à la dimension d'un tabou. Mais si un interdit encourage l'inégalité entre les hommes et les femmes, caresse le rêve de la supériorité d'un peuple sur un autre ou, pire encore, croit pouvoir décider qui peut vivre ou doit mourir, alors cet interdit est factice. Car les tabous n'ont pour objectif que de tisser un lien entre les hommes, et une frontière entre humains et animaux. Ceux que nous venons de découvrir ensemble font partie de l'idée même d'humanité. Ne les regardons pas comme des rites venus d'un autre âge, mais bien comme des aide-mémoire destinés à nous rappeler que nous sommes, avant tout, des êtres humains embarqués sur la même arche de Noé…

Petit lexique

ANATHÈME
Dans la Bible, l'anathème consacre de façon irrévocable un être, une chose ou un lieu à Dieu. L'anathème se traduira ensuite par la confiscation des biens, le massacre des ennemis et la destruction des cités conquises sans autorisation de les reconstruire.

ANTHROPOPHAGIE
C'est le fait pour un homme de manger de la chair humaine. Le plus souvent une forme de rituel organisant la société dans le cosmos, créant une continuité entre la vie et la mort.

BLASPHÈME
À l'origine, une parole impie, des paroles, ou des actes qui violent l'intégrité des lois d'une religion.

BURQA
Le *burqa* (du genre masculin et non féminin comme on a tendance à l'utiliser en français) désigne le voile des Afghanes généralement de couleur bleue et couvrant le corps et le visage des femmes.

CANNIBALISME
Est considéré comme cannibale l'homme ou l'animal qui mange ses congénères. Il faut distinguer l'anthropophagie qui est le fait de manger de la chair humaine particulièrement lors de rites, et la manducation qui consiste à ingérer de la chair humaine, non pour se nourrir mais par exemple pour absorber les qualités des défunts. L'homme est sans doute devenu carnivore dans l'espoir d'acquérir certaines caractéristiques des animaux consommés : la vitesse, l'agilité ou la force…

COMMUNION
La communion unit ses participants autour d'une même croyance. C'est un rituel de partage associant les fidèles, ou les membres du clan, à une espérance commune.

CONSANGUIN
Une union est consanguine quand les personnes sont issues plus ou moins directement d'un même parent. Dans le cas des clans primitifs, la parenté s'étendait au clan tout entier, mais pas à la tribu.

DÉLIVRANCE DES ÂMES
Délivrer une âme, c'est lui permettre de quitter le corps d'un défunt, son enveloppe charnelle, pour s'élever et rejoindre paisiblement l'au-delà.

ÉMASCULATION

D'abord guerrière, l'émasculation, c'est-à-dire l'ablation des parties génitales d'un homme, était un moyen non seulement de tuer son ennemi, mais de détruire toute source de sa descendance. La vie ennemie est le véritable butin d'une bataille. Anéantir sa descendance est l'expression d'une victoire totale. Ensuite, se développe au Proche Orient ancien la castration des hommes. Priver un homme de ses organes de reproduction devient chez les rois perses le moyen d'avoir à leur service des collaborateurs fidèles puisque sans possible ambition pour leur propre descendance. Naît alors une puissante caste d'eunuques qui dirigera l'empire. La castration est interdite dans la Bible, mais dans la Rome antique, les prêtres de la déesse Cybèle s'auto-émasculent afin de pouvoir servir celle-ci. L'émasculation des enfants et des prisonniers destinés à satisfaire les perversions sexuelles devient un tel commerce à Rome que l'empereur Hadrien interdira enfin toute opération ressemblant à une castration. Pourtant, une exception terrible va subsister jusqu'au XVIIIe siècle à travers la castration de jeunes enfants destinée à leur conserver à vie le registre aigu de leur voix. Le castrat pourra ainsi chanter des œuvres lyriques avec la puissance d'un adulte et la voix d'un enfant.

ENDOGAMIE

L'endogamie est l'obligation pour une personne de n'avoir de relations sexuelles et de ne se marier qu'avec un membre de son clan ou de son groupe social.

ÉTHIQUE

Pour les uns, éthique et morale sont synonymes. Pour d'autres, l'éthique est une forme supérieure de morale. Il semble aujourd'hui que l'éthique soit une vision humaniste de la morale, qui placerait autrui au centre d'une réflexion ou d'une action.

EXCOMMUNICATION

Excommunier une personne, c'est, dans la société chrétienne, la bannir de la communauté des fidèles. Comme dans la tradition juive, où exclure un homme de la synagogue est le pire des châtiments, l'excommunication entraîne l'impossibilité de recevoir tout sacrement. L'excommunié est donc voué à une errance éternelle puisqu'il ne pourra bénéficier des rites lui permettant d'être enseveli dans la terre de sa communauté.

EXOGAMIE
C'est l'obligation pour un individu, homme ou femme, de n'avoir de relations sexuelles ou de ne se marier qu'avec un membre extérieur à son clan.

HYMEN
L'hymen est une membrane qui obstrue l'orifice vaginal de la femme, généralement rompue lors d'un premier acte sexuel. Mais il peut aussi disparaître naturellement. Hymen était aussi le nom d'une divinité grecque du mariage.

IDOLE
C'est la représentation d'une divinité (image ou statue).

INHIBITION
L'inhibition est un blocage psychologique, provoquant l'arrêt ou le réfrènement d'une action.

MATRIARCAL/PATRIARCAL
Notre société a été tour à tour matriarcale puis patriarcale. La première, organisée autour de la capacité créatrice de vie de la mère, la seconde, rassemblée sous l'autorité du père. Il était d'usage dans les sociétés matriarcales que le mari aille vivre dans la famille de sa femme. Ses enfants n'étaient reconnus qu'une fois adoptés, à travers différents rites, par sa belle-famille.

Le système patriarcal serait né avec l'agriculture et la nécessité de protéger sa terre, ainsi qu'avec le développement de l'exploitation des métaux. La preuve la plus évidente que nous vivons encore dans une société patriarcale est la représentation masculine de la divinité principale dans les religions contemporaines.

MENSTRUEL (SANG)
Ce terme désigne le sang écoulé selon le cycle des menstrues, ou règles, de la femme.

NÉCROMANCIE
C'est la pratique d'interroger les défunts pour connaître l'avenir.

SCARIFICATION
Incisions de la peau accomplies de manière à former une cicatrice. La scarification est une blessure symbolique, marquant l'appartenance à un clan, le passage d'un statut à un autre, d'enfant à adolescent ou de célibataire à marié. Aussi pratiquée en cas de deuil, chaque cicatrice symbolise une mort rituelle, permettant d'échapper à une mort véritable, une maladie, ou une blessure.

TRANSGRESSION
L'acte d'enfreindre une loi ou un tabou. Ne pas obéir à un commandement, ne pas respecter un interdit.

Table

Sans tabous… pas de liberté !	p. 5
À chacun son totem	p. 17
Les tabous fondateurs	p. 31
Des tabous qui structurent notre société	p. 49
Ce n'est plus tabou !	p. 63
Maintenant, c'est tabou !	p. 71
Conclusion	p. 81
Petit lexique	p. 84

Reproduit et achevé d'imprimer en août 2007 par l'imprimerie Dumas-Titoulet pour le compte des éditions ACTES SUD, Le Méjan- Place Nina-Berberova, 13200 Arles
Dépôt légal 1re édition : septembre 2007 - N° impression : *45745 (Imprimé en France)*